TRANZLATY
La lingua è per tutti
Езикът е за всички

Il richiamo della foresta

Дивото зове

Jack London
Джак Лондон

Italiano / Български

Copyright © 2025 Tranzlaty
All rights reserved
Published by Tranzlaty
ISBN: 978-1-80572-887-0
Original text by Jack London
The Call of the Wild
First published in 1903
www.tranzlaty.com

Nel primitivo
В примитивното

Buck non leggeva i giornali.
Бък не четеше вестници.
Se avesse letto i giornali avrebbe saputo che i guai si stavano avvicinando.
Ако беше чел вестниците, щеше да знае, че се задават проблеми.
Non erano guai solo per lui, ma per tutti i cani da caccia.
Имаше проблеми не само за него, но и за всяко куче, живеещо в приливна вода.
Ogni cane con muscoli forti e pelo lungo e caldo sarebbe stato nei guai.
Всяко куче, силно мускулесто и с топла, дълга козина, щеше да си има проблеми.
Da Puget Bay a San Diego nessun cane poteva sfuggire a ciò che stava per accadere.
От Пюджет Бей до Сан Диего никое куче не можеше да избегне това, което предстоеше.
Gli uomini, brancolando nell'oscurità artica, avevano trovato un metallo giallo.
Мъже, опипвайки арктическия мрак, бяха открили жълт метал.
Le compagnie di navigazione a vapore e di trasporto erano alla ricerca della scoperta.
Параходните и транспортните компании преследваха откритието.
Migliaia di uomini si riversarono nel Nord.
Хиляди мъже се втурваха към Северната земя.
Questi uomini volevano dei cani, e i cani che volevano erano cani pesanti.
Тези мъже искаха кучета, а кучетата, които искаха, бяха тежки кучета.
Cani dotati di muscoli forti per lavorare duro.
Кучета със силни мускули, с които да се трудят.
Cani con il pelo folto che li protegge dal gelo.

Кучета с косматата козина, която да ги предпазва от студа.

Buck viveva in una grande casa nella soleggiata Santa Clara Valley.
Бък живееше в голяма къща в слънчевата долина Санта Клара.
La casa del giudice Miller era chiamata così.
Наричаше се къщата на съдия Милър.
La sua casa era nascosta tra gli alberi, lontana dalla strada.
Къщата му стоеше встрани от пътя, полускрита сред дърветата.
Si poteva intravedere l'ampia veranda che circondava la casa.
Човек можеше да зърне широката веранда, обграждаща къщата.
Si accedeva alla casa tramite vialetti ghiaiosi.
До къщата се водеше по чакълести алеи.
I sentieri si snodavano attraverso ampi prati.
Пътеките се виеха през обширни тревни площи.
In alto si intrecciavano i rami degli alti pioppi.
Над главите им се преплитаха клоните на високи тополи.
Nella parte posteriore della casa le cose erano ancora più spaziose.
В задната част на къщата нещата бяха още по-просторни.
C'erano grandi scuderie, dove una dozzina di stallieri chiacchieravano
Имаше големи конюшни, където дузина коняри си бъбреха
C'erano file di cottage per i servi ricoperti di vite
Имаше редици от облицовани с лозови настилки за слуги
E c'era una serie infinita e ordinata di latrine
И имаше безкраен и подреден набор от външни постройки
Lunghi pergolati d'uva, pascoli verdi, frutteti e campi di bacche.
Дълги лозови беседки, зелени пасища, овощни градини и ягодоплодни лехи.
Poi c'era l'impianto di pompaggio per il pozzo artesiano.

След това имаше помпена инсталация за артезианския кладенец.
E c'era la grande cisterna di cemento piena d'acqua.
И там беше големият циментов резервоар, пълен с вода.
Qui i ragazzi del giudice Miller hanno fatto il loro tuffo mattutino.
Тук момчетата на съдия Милър се гмурнаха сутринта.
E lì si rinfrescavano anche nel caldo pomeriggio.
И те се разхладиха там в горещия следобед.
E su questo grande dominio, Buck era colui che lo governava tutto.
И над това голямо владение, Бък беше този, който управляваше всичко.
Buck nacque su questa terra e visse qui tutti i suoi quattro anni.
Бък е роден на тази земя и е живял тук през всичките си четири години.
C'erano effettivamente altri cani, ma non avevano molta importanza.
Наистина имаше и други кучета, но те всъщност нямаха значение.
In un posto vasto come questo ci si aspettava la presenza di altri cani.
На толкова огромно място се очакваха и други кучета.
Questi cani andavano e venivano oppure vivevano nei canili affollati.
Тези кучета идваха и си отиваха или живееха в оживените развъдници.
Alcuni cani vivevano nascosti in casa, come Toots e Ysabel.
Някои кучета живееха скрити в къщата, като Тутс и Изабел.
Toots era un carlino giapponese, Ysabel una cagnolina messicana senza pelo.
Тутс беше японски мопс, а Изабел - мексиканско куче без козина.
Queste strane creature raramente uscivano di casa.
Тези странни същества рядко излизаха извън къщата.

Non toccarono terra né annusarono l'aria esterna.
Те не докосваха земята, нито подушваха открития въздух навън.
C'erano anche i fox terrier, almeno una ventina.
Имаше и фокстериери, поне двадесет на брой.
Questi terrier abbaiavano ferocemente a Toots e Ysabel in casa.
Тези териери лаеха яростно по Тутс и Изабел вътре.
Toots e Ysabel rimasero dietro le finestre, al sicuro da ogni pericolo.
Тутс и Изабел останаха зад прозорците, в безопасност.
Erano sorvegliati da domestiche armate di scope e stracci.
Те бяха пазени от домашни прислужници с метли и мопове.
Ma Buck non era un cane da casa e nemmeno da canile.
Но Бък не беше домашно куче, нито пък беше куче за развъдник.
L'intera proprietà apparteneva a Buck come suo legittimo regno.
Целият имот принадлежеше на Бък като негово законно владение.
Buck nuotava nella vasca o andava a caccia con i figli del giudice.
Бък плуваше в резервоара или ходеше на лов със синовете на съдията.
Camminava con Mollie e Alice nelle prime ore del mattino o tardi.
Той се разхождаше с Моли и Алис в ранните или късните часове.
Nelle notti fredde si sdraiava davanti al fuoco della biblioteca insieme al giudice.
В студените нощи той лежеше пред камината в библиотеката със съдията.
Buck accompagnava i nipoti del giudice sulla sua robusta schiena.
Бък возеше внуците на съдията на силния си гръб.

Si rotolava nell'erba insieme ai ragazzi, sorvegliandoli da vicino.
Той се търкаляше в тревата с момчетата, пазейки ги отблизо.
Si avventurarono fino alla fontana e addirittura oltre i campi di bacche.
Те се осмелиха да стигнат до фонтана и дори покрай ягодовите поля.
Tra i fox terrier, Buck camminava sempre con orgoglio regale.
Сред фокстериерите Бък винаги крачеше с кралска гордост.
Ignorò Toots e Ysabel, trattandoli come se fossero aria.
Той игнорира Тутс и Изабел, отнасяйки се с тях сякаш бяха въздух.
Buck governava tutte le creature viventi sulla terra del giudice Miller.
Бък властваше над всички живи същества в земята на съдия Милър.
Dominava gli animali, gli insetti, gli uccelli e perfino gli esseri umani.
Той властвал над животни, насекоми, птици и дори хора.
Il padre di Buck, Elmo, era un enorme e fedele San Bernardo.
Бащата на Бък, Елмо, беше огромен и лоялен санбернар.
Elmo non si allontanò mai dal Giudice e lo servì fedelmente.
Елмо никога не се отделяше от съдията и му служи вярно.
Buck sembrava pronto a seguire il nobile esempio del padre.
Бък изглеждаше готов да последва благородния пример на баща си.
Buck non era altrettanto grande: pesava sessanta chili.
Бък не беше чак толкова едър, тежеше сто и четиридесет паунда.
Sua madre, Shep, era una splendida cagnolina da pastore scozzese.
Майка му, Шеп, беше чудесно шотландско овчарско куче.

Ma nonostante il suo peso, Buck camminava con una presenza regale.
Но дори и с това тегло, Бък ходеше с царствено присъствие.
Ciò derivava dal buon cibo e dal rispetto che riceveva sempre.
Това идваше от добрата храна и уважението, което винаги получаваше.
Per quattro anni Buck aveva vissuto come un nobile viziato.
В продължение на четири години Бък беше живял като разглезен благородник.
Era orgoglioso di sé stesso e perfino un po' egocentrico.
Той се гордееше със себе си и дори беше леко егоистичен.
Quel tipo di orgoglio era comune tra i signori delle campagne remote.
Този вид гордост беше често срещана сред отдалечените селски лордове.
Ma Buck si salvò dal diventare un cane domestico viziato.
Но Бък се спаси от това да се превърне в разглезено домашно куче.
Rimase snello e forte grazie alla caccia e all'esercizio fisico.
Той остана строен и силен чрез лов и упражнения.
Amava profondamente l'acqua, come chi si bagna nei laghi freddi.
Той обичаше водата дълбоко, като хората, които се къпят в студени езера.
Questo amore per l'acqua mantenne Buck forte e molto sano.
Тази любов към водата поддържаше Бък силен и много здрав.
Questo era il cane che Buck era diventato nell'autunno del 1897.
Това беше кучето, в което Бък се беше превърнал през есента на 1897 г.
Quando lo sciopero del Klondike spinse gli uomini verso il gelido Nord.
Когато ударът в Клондайк привлече мъжете към замръзналия Север.

Da ogni parte del mondo la gente accorse in massa verso la fredda terra.
Хора от цял свят се втурнаха в студената земя.
Buck, tuttavia, non leggeva i giornali e non capiva le notizie.
Бък обаче не четеше вестници, нито разбираше новини.
Non sapeva che Manuel fosse una persona cattiva con cui stare.
Той не знаеше, че Мануел е лош човек.
Manuel, che aiutava in giardino, aveva un grosso problema.
Мануел, който помагаше в градината, имаше сериозен проблем.
Manuel era dipendente dal gioco d'azzardo alla lotteria cinese.
Мануел беше пристрастен към хазарта в китайската лотария.
Credeva fermamente anche in un sistema fisso per vincere.
Той също така силно вярваше във фиксирана система за победа.
Questa convinzione rese il suo fallimento certo e inevitabile.
Тази вяра правеше провала му сигурен и неизбежен.
Per giocare con un sistema erano necessari soldi, soldi che a Manuel mancavano.
Играта по система изисква пари, каквито на Мануел му липсваха.
Il suo stipendio bastava a malapena a sostenere la moglie e i numerosi figli.
Заплатата му едва издържаше жена му и многото му деца.
La notte in cui Manuel tradì Buck, tutto era normale.
В нощта, в която Мануел предаде Бък, нещата бяха нормални.
Il giudice si trovava a una riunione dell'Associazione dei coltivatori di uva passa.
Съдията беше на среща на Асоциацията на производителите на стафиди.
A quel tempo i figli del giudice erano impegnati a fondare un club sportivo.

Синовете на съдията бяха заети с основаването на спортен клуб по това време.
Nessuno vide Manuel e Buck uscire dal frutteto.
Никой не видя Мануел и Бък да си тръгват през овощната градина.
Buck pensava che questa fosse solo una semplice passeggiata notturna.
Бък си помисли, че тази разходка е просто обикновена нощна разходка.
Incontrarono un solo uomo alla stazione della bandiera, a College Park.
Срещнаха само един мъж на станцията за флагове в Колидж Парк.
Quell'uomo parlò con Manuel e si scambiarono i soldi.
Този човек разговарял с Мануел и те си разменили пари.
"Imballa la merce prima di consegnarla", suggerì.
„Опаковайте стоките, преди да ги доставите", предложи той.
La voce dell'uomo era roca e impaziente mentre parlava.
Гласът на мъжа беше дрезгав и нетърпелив, докато говореше.
Manuel legò con cura una corda spessa attorno al collo di Buck.
Мануел внимателно завърза дебело въже около врата на Бък.
"Se giri la corda, lo strangolerai di brutto"
„Усукай въжето и ще го задавиш яко."
Lo straniero emise un grugnito, dimostrando di aver capito bene.
Непознатият изсумтя, показвайки, че е разбрал добре.
Quel giorno Buck accettò la corda con calma e silenziosa dignità.
В онзи ден Бък прие въжето със спокойно и тихо достойнство.
Era un atto insolito, ma Buck si fidava degli uomini che conosceva.

Това беше необичайна постъпка, но Бък се доверяваше на мъжете, които познаваше.

Credeva che la loro saggezza andasse ben oltre il suo pensiero.

Той вярваше, че тяхната мъдрост далеч надхвърля собственото му мислене.

Ma poi la corda venne consegnata nelle mani dello straniero.

Но тогава въжето беше предадено в ръцете на непознатия.

Buck emise un ringhio basso che suonava come un avvertimento e una minaccia silenziosa.

Бък изръмжа тихо, предупредително с тиха заплаха.

Era orgoglioso e autoritario e intendeva mostrare il suo disappunto.

Той беше горд и властен и възнамеряваше да покаже недоволството си.

Buck credeva che il suo avvertimento sarebbe stato interpretato come un ordine.

Бък вярваше, че предупреждението му ще бъде разбрано като заповед.

Con suo grande stupore, la corda si strinse rapidamente attorno al suo grosso collo.

За негов шок, въжето се стегна бързо около дебелия му врат.

Gli mancò l'aria e cominciò a lottare in preda a una rabbia improvvisa.

Дишанието му спря и той започна да се бори, обзет от внезапен гняв.

Si lanciò verso l'uomo, che si lanciò rapidamente contro Buck a mezz'aria.

Той скочи към мъжа, който бързо срещна Бък във въздуха.

L'uomo afferrò Buck per la gola e lo fece ruotare abilmente in aria.

Мъжът сграбчи Бък за гърлото и умело го завъртя във въздуха.

Buck venne scaraventato a terra con violenza, atterrando sulla schiena.

Бък беше силно хвърлен надолу и се приземи по гръб.

La corda ora lo strangolava crudelmente mentre lui scalciava selvaggiamente.
Въжето сега го души жестоко, докато той риташе диво.
La sua lingua cadde fuori, il suo petto si sollevò, ma non riprese fiato.
Езикът му изхлузи, гърдите му се повдигнаха, но не си пое дъх.
Non era mai stato trattato con tanta violenza in vita sua.
Никога през живота си не се беше отнасял с такова насилие.
Non era mai stato così profondamente invaso da una rabbia così profonda.
Той също така никога преди не беше изпитвал такава дълбока ярост.
Ma il potere di Buck svanì e i suoi occhi diventarono vitrei.
Но силата на Бък избледня и очите му се замъглиха.
Svenne proprio mentre un treno veniva fermato lì vicino.
Той припадна точно когато наблизо спря влак.
Poi i due uomini lo caricarono velocemente nel vagone bagagli.
След това двамата мъже бързо го хвърлиха във вагона за багаж.
La cosa successiva che Buck sentì fu dolore alla lingua gonfia.
Следващото нещо, което Бък почувства, беше болка в подутия си език.
Si muoveva su un carro traballante, solo vagamente cosciente.
Той се движеше в трепереща каруца, само смътно съзнавайки всичко.
Il fischio acuto di un treno rivelò a Buck la sua posizione.
Острият писък на влакова свирка подсказа на Бък местоположението му.
Aveva spesso cavalcato con il Giudice e conosceva quella sensazione.
Той често беше яздил със Съдията и познаваше чувството.

Fu un'esperienza unica viaggiare di nuovo in un vagone bagagli.
Това беше отново онова неповторимо усещане от пътуването в багажен вагон.
Buck aprì gli occhi e il suo sguardo ardeva di rabbia.
Бък отвори очи и погледът му горяше от ярост.
Questa era l'ira di un re orgoglioso detronizzato.
Това беше гневът на горд цар, свален от трона си.
Un uomo allungò la mano per afferrarlo, ma Buck colpì per primo.
Един мъж се протегна да го хване, но Бък удари пръв.
Affondò i denti nella mano dell'uomo e la strinse forte.
Той заби зъби в ръката на мъжа и я стисна здраво.
Non mi lasciò andare finché non svenne per la seconda volta.
Той не го пусна, докато не загуби съзнание за втори път.
"Sì, ha degli attacchi", borbottò l'uomo al facchino.
— Да, има припадъци — промърмори мъжът на багажника.
Il facchino aveva sentito la colluttazione e si era avvicinato.
Багажникът беше чул боричкането и се беше приближил.
"Lo porto a Frisco per conto del capo", spiegò l'uomo.
„Водя го във Сан Франциско заради шефа", обясни мъжът.
"C'è un bravo dottore per cani che dice di poterli curare."
„Там има един добър кучешки лекар, който казва, че може да ги излекува."
Più tardi quella notte l'uomo raccontò la sua versione completa.
По-късно същата вечер мъжът даде пълния си разказ.
Parlava da un capannone dietro un saloon sul molo.
Той говореше от навес зад един салун на доковете.
"Mi hanno dato solo cinquanta dollari", si lamentò con il gestore del saloon.
„Всичко, което ми дадоха, бяха петдесет долара", оплака се той на собственика на салуна.
"Non lo rifarei, nemmeno per mille dollari in contanti."
„Не бих го направил отново, дори и за хиляда в брой."

La sua mano destra era strettamente avvolta in un panno insanguinato.
Дясната му ръка беше плътно увита в окървавена кърпа.
La gamba dei suoi pantaloni era completamente strappata dal ginocchio al piede.
Крачолът му беше широко разкъсан от коляното до петите.
"Quanto è stato pagato l'altro tizio?" chiese il gestore del saloon.
„Колко е получил другият хал?" попита кръчмарят.
«Cento», rispose l'uomo, «non ne accetterebbe uno in meno».
„Сто", отвърнал мъжът, „не би взел и цент по-малко."
"Questo fa centocinquanta", disse il gestore del saloon.
— Това прави сто и петдесет — каза кръчмарят.
"E lui li merita tutti, altrimenti non sono meglio di uno stupido."
„И той си заслужава всичко, иначе не съм нищо повече от глупак."
L'uomo aprì gli involucri per esaminarsi la mano.
Мъжът отвори опаковката, за да огледа ръката си.
La mano era gravemente graffiata e ricoperta di croste di sangue secco.
Ръката беше силно разкъсана и покрита със засъхнала кръв.
"Se non mi viene l'idrofobia..." cominciò a dire.
„Ако не получа хидрофобия...", започна той.
"Sarà perché sei nato per impiccarti", giunse una risata.
„Ще е защото си роден да бесиш" – чу се смях.
"Aiutami prima di partire", gli chiesero.
„Ела да ми помогнеш, преди да тръгнеш", помолиха го.
Buck era stordito dal dolore alla lingua e alla gola.
Бък беше замаян от болката в езика и гърлото си.
Era mezzo strangolato e riusciva a malapena a stare in piedi.
Той беше полуудушен и едва можеше да се държи изправен.
Ciononostante, Buck cercò di affrontare gli uomini che lo avevano ferito così duramente.

Въпреки това Бък се опита да се изправи срещу мъжете, които го бяха наранили толкова много.
Ma lo gettarono a terra e lo strangolarono ancora una volta.
Но те го хвърлиха на земята и го задушиха отново.
Solo allora riuscirono a segargli il pesante collare di ottone.
Едва тогава можеха да отрежат тежката му месингова яка.
Tolsero la corda e lo spinsero in una cassa.
Махнаха въжето и го натикаха в сандък.
La cassa era piccola e aveva la forma di una gabbia di ferro grezza.
Щандът беше малък и оформен като груба желязна клетка.
Buck rimase lì per tutta la notte, pieno di rabbia e di orgoglio ferito.
Бък лежа там цяла нощ, изпълнен с гняв и наранена гордост.
Non riusciva nemmeno a capire cosa gli stesse succedendo.
Той не можеше да започне да разбира какво му се случва.
Perché quegli strani uomini lo tenevano in quella piccola cassa?
Защо тези странни мъже го държаха в този малък сандък?
Cosa volevano da lui e perché questa crudele prigionia?
Какво искаха от него и защо този жесток плен?
Sentì una pressione oscura e la sensazione che il disastro si avvicinasse.
Той усети мрачен натиск; предчувствие за приближаваща катастрофа.
Era una paura vaga, ma si impadronì pesantemente del suo spirito.
Беше смътен страх, но той силно го смаза.
Diverse volte sobbalzò quando la porta del capanno sbatteva.
Няколко пъти той скачаше, когато вратата на бараката тракаше.
Si aspettava che il giudice o i ragazzi apparissero e lo salvassero.

Той очакваше Съдията или момчетата да се появят и да го спасят.
Ma ogni volta solo la faccia grassa del gestore del saloon faceva capolino all'interno.
Но само дебелото лице на кръчмаря надничаше вътре всеки път.
Il volto dell'uomo era illuminato dalla debole luce di una candela di sego.
Лицето на мъжа беше осветено от слабата светлина на лоена свещ.
Ogni volta, il latrato gioioso di Buck si trasformava in un ringhio basso e arrabbiato.
Всеки път радостният лай на Бък се променяше в ниско, гневно ръмжене.

Il gestore del saloon lo ha lasciato solo per la notte nella cassa
Собственикът на кръчмата го остави сам за през нощта в клетката
Ma quando si svegliò la mattina seguente, altri uomini stavano arrivando.
Но когато се събуди сутринта, идваха още мъже.
Arrivarono quattro uomini e, con cautela, sollevarono la cassa senza dire una parola.
Четирима мъже дойдоха и предпазливо вдигнаха сандъка, без да кажат нито дума.
Buck capì subito in quale situazione si trovava.
Бък веднага разбра в какво положение се намира.
Erano ulteriori tormentatori che doveva combattere e temere.
Те бяха още мъчители, с които той трябваше да се бори и от които да се страхува.
Questi uomini apparivano malvagi, trasandati e molto mal curati.
Тези мъже изглеждаха зли, дрипави и много зле поддържани.
Buck ringhiò e si lanciò contro di loro con furia attraverso le sbarre.

Бък изръмжа и се нахвърли яростно върху тях през решетките.
Si limitarono a ridere e a colpirlo con lunghi bastoni di legno.
Те само се смееха и го бодеха с дълги дървени пръчки.
Buck morse i bastoncini, poi capì che era quello che gli piaceva.
Бък захапа пръчките, после осъзна, че точно това им харесва.
Così si sdraiò in silenzio, imbronciato e acceso da una rabbia silenziosa.
И така, той легна тихо, навъсен и горящ от тиха ярост.
Caricarono la cassa su un carro e se ne andarono con lui.
Те качиха сандъка в каруца и отпътуваха с него.
La cassa, con Buck chiuso dentro, cambiò spesso proprietario.
Щандът, в който Бък беше заключен вътре, често сменяше собственика си.
Gli impiegati dell'ufficio espresso presero in mano la situazione e si occuparono di lui per un breve periodo.
Служителите от експресната служба поеха контрола и се справиха с него за кратко.
Poi un altro carro trasportò Buck attraverso la rumorosa città.
След това друга каруца прекара Бък през шумния град.
Un camion lo portò con sé scatole e pacchi su un traghetto.
Камион го закарал с кутии и пакети на ферибот.
Dopo l'attraversamento, il camion lo scaricò presso un deposito ferroviario.
След като пресече, камионът го разтовари на железопътна гара.
Alla fine Buck venne fatto salire a bordo di un vagone espresso in attesa.
Накрая Бък беше настанен в чакащ експресен вагон.
Per due giorni e due notti i treni trascinarono via il vagone espresso.
В продължение на два дни и нощи влаковете отдалечаваха експресния вагон.

Buck non mangiò né bevve durante tutto il doloroso viaggio.
Бък нито яде, нито пи през цялото мъчително пътуване.
Quando i messaggeri cercarono di avvicinarlo, lui ringhiò.
Когато куриерите се опитаха да се приближат до него, той изръмжа.
Risposero prendendolo in giro e prendendolo in giro crudelmente.
Те отговориха, като му се подиграваха и го дразнеха жестоко.
Buck si gettò contro le sbarre, schiumando e tremando
Бък се хвърли върху решетките, разпенен и треперещ
risero sonoramente e lo presero in giro come i bulli della scuola.
Те се смееха шумно и му се подиграваха като училищни побойници.
Abbaiavano come cani finti e agitavano le braccia.
Те лаеха като фалшиви кучета и размахваха ръце.
Arrivarono persino a cantare come galli, solo per farlo arrabbiare ancora di più.
Те дори пееха като петли, само за да го разстроят още повече.
Era un comportamento sciocco e Buck sapeva che era ridicolo.
Това беше глупаво поведение и Бък знаеше, че е нелепо.
Ma questo non fece altro che accrescere il suo senso di indignazione e vergogna.
Но това само задълбочи чувството му на възмущение и срам.
Durante il viaggio la fame non lo disturbò molto.
Не го притесняваше особено гладът по време на пътуването.
Ma la sete portava con sé dolori acuti e sofferenze insopportabili.
Но жаждата носеше остра болка и непоносимо страдание.
La sua gola secca e infiammata e la lingua bruciavano per il calore.
Сухото му, възпалено гърло и език горяха от топлина.

Questo dolore alimentava la febbre che cresceva nel suo corpo orgoglioso.
Тази болка подхранваше треската, която се надигаше в гордото му тяло.
Durante questa prova Buck fu grato per una sola cosa.
Бък беше благодарен за едно-единствено нещо по време на това изпитание.
Gli avevano tolto la corda dal grosso collo.
Въжето беше свалено от дебелия му врат.
La corda aveva dato a quegli uomini un vantaggio ingiusto e crudele.
Въжето беше дало на тези мъже несправедливо и жестоко предимство.
Ora la corda non c'era più e Buck giurò che non sarebbe mai più tornata.
Сега въжето го нямаше и Бък се закле, че никога няма да се върне.
Decise che nessuna corda gli sarebbe mai più passata intorno al collo.
Той реши никога повече да не увие въже около врата си.
Per due lunghi giorni e due lunghe notti soffrì senza cibo.
В продължение на два дълги дни и нощи той страдаше без храна.
E in quelle ore, accumulò dentro di sé una rabbia enorme.
И в тези часове той натрупа в себе си огромна ярост.
I suoi occhi diventarono iniettati di sangue e selvaggi per la rabbia costante.
Очите му станаха кръвясали и диви от постоянен гняв.
Non era più Buck, ma un demone con le fauci che schioccavano.
Той вече не беше Бък, а демон със щракащи челюсти.
Nemmeno il Giudice avrebbe potuto riconoscere questa folle creatura.
Дори Съдията не би познал това лудо същество.
I messaggeri espressi tirarono un sospiro di sollievo quando giunsero a Seattle

Куриерите въздъхнаха с облекчение, когато стигнаха до Сиатъл
Quattro uomini sollevarono la cassa e la portarono in un cortile sul retro.
Четирима мъже вдигнаха сандъка и го занесоха в задния двор.
Il cortile era piccolo, circondato da mura alte e solide.
Дворът беше малък, ограден с високи и солидни стени.
Un uomo corpulento uscì dalla stanza con una scollatura larga e una camicia rossa.
Едър мъж излезе с увиснала червена риза-пуловер.
Firmò il registro delle consegne con una calligrafia spessa e decisa.
Той подписа книгата за доставки с дебел и дебел почерк.
Buck intuì subito che quell'uomo era il suo prossimo aguzzino.
Бък веднага усети, че този мъж е следващият му мъчител.
Si lanciò violentemente contro le sbarre, con gli occhi rossi di rabbia.
Той се нахвърли яростно върху решетките, очите му бяха зачервени от ярост.
L'uomo si limitò a sorridere amaramente e andò a prendere un'ascia.
Мъжът само се усмихна мрачно и отиде да донесе брадва.
Teneva anche una mazza nella sua grossa e forte mano destra.
Той също така донесе тояга в дебелата си и силна дясна ръка.
"Lo porterai fuori adesso?" chiese l'autista preoccupato.
— Ще го изведеш ли сега? — попита загрижено шофьорът.
"Certo", disse l'uomo, infilando l'ascia nella cassa come se fosse una leva.
— Разбира се — каза мъжът, забивайки брадвичката в сандъка като лост.
I quattro uomini si dileguarono all'istante, saltando sul muro del cortile.

Четиримата мъже се разпръснаха мигновено, скачайки върху стената на двора.
Dai loro punti sicuri in alto, aspettavano di ammirare lo spettacolo.
От безопасните си места горе те чакаха да наблюдават зрелището.
Buck si lanciò contro il legno scheggiato, mordendolo e scuotendolo violentemente.
Бък се нахвърли върху разцепеното дърво, хапейки и треперейки яростно.
Ogni volta che l'ascia colpiva la gabbia, Buck era lì pronto ad attaccarla.
Всеки път, когато брадвата удряше клетката, Бък беше там, за да я атакува.
Ringhiò e schioccò le dita in preda a una rabbia selvaggia, desideroso di essere liberato.
Той ръмжеше и щракаше с дива ярост, нетърпелив да бъде освободен.
L'uomo all'esterno era calmo e fermo, concentrato sul suo compito.
Мъжът отвън беше спокоен и уравновесен, съсредоточен върху задачата си.
"Bene allora, diavolo dagli occhi rossi", disse quando il buco fu grande.
— Добре тогава, червенооки дяволче — каза той, когато дупката стана голяма.
Lasciò cadere l'ascia e prese la mazza nella mano destra.
Той хвърли брадвата и взе тоягата в дясната си ръка.
Buck sembrava davvero un diavolo: aveva gli occhi iniettati di sangue e fiammeggianti.
Бък наистина приличаше на дявол; очи кръвясали и пламтящи.
Il suo pelo si rizzò, la schiuma gli salì alla bocca e gli occhi brillarono.
Козината му настръхна, пяна се издигна от устата му, очите му блестяха.
Lui tese i muscoli e si lanciò dritto verso il maglione rosso.

Той стегна мускули и се хвърли право към червения пуловер.

Centoquaranta libbre di furia si riversarono sull'uomo calmo.

Сто и четиридесет паунда ярост полетяха към спокойния мъж.

Un attimo prima che le sue fauci si chiudessero, un colpo terribile lo colpì.

Точно преди челюстите му да се стиснат, го удари ужасен удар.

I suoi denti si schioccarono insieme solo sull'aria

Зъбите му щракнаха само във въздуха

una scossa di dolore gli risuonò nel corpo

пронизителна болка прониза тялото му

Si capovolse a mezz'aria e cadde sulla schiena e su un fianco.

Той се преобърна във въздуха и се срина по гръб и настрани.

Non aveva mai sentito prima un colpo di mazza e non riusciva a sostenerlo.

Никога преди не беше усещал удар с тояга и не можеше да го схване.

Con un ringhio acuto, in parte abbaio, in parte urlo, saltò di nuovo.

С пронизително ръмжене, отчасти лай, отчасти писък, той скочи отново.

Un altro colpo violento lo colpì e lo scaraventò a terra.

Още един жесток удар го удари и го хвърли на земята.

Questa volta Buck capì: era la pesante clava dell'uomo.

Този път Бък разбра — това беше тежката тояга на мъжа.

Ma la rabbia lo accecò e non pensò minimamente di ritirarsi.

Но яростта го заслепи и той не помисли за отстъпление.

Dodici volte si lanciò e dodici volte cadde.

Дванадесет пъти се хвърли и дванадесет пъти падна.

La mazza di legno lo colpiva ogni volta con una forza spietata e schiacciante.

Дървената тояга го разбиваше всеки път с безмилостна, смазваща сила.

Dopo un colpo violento, si rialzò barcollando, stordito e lento.
След един силен удар, той се изправи на крака, замаян и бавен.
Il sangue gli colava dalla bocca, dal naso e perfino dalle orecchie.
Кръв течеше от устата, носа и дори ушите му.
Il suo mantello, un tempo bellissimo, era imbrattato di schiuma insanguinata.
Някогашното му красиво палто беше оцапано с кървава пяна.
Poi l'uomo si fece avanti e gli sferrò un violento colpo al naso.
Тогава мъжът се изправи и нанесе жесток удар в носа.
L'agonia fu più acuta di qualsiasi cosa Buck avesse mai provato.
Агонията беше по-силна от всичко, което Бък някога беше изпитвал.
Con un ruggito più da bestia che da cane, balzò di nuovo all'attacco.
С рев, по-скоро зверски, отколкото кучешки, той отново скочи, за да атакува.
Ma l'uomo gli afferrò la mascella inferiore e la torse all'indietro.
Но мъжът хвана долната му челюст и я изви назад.
Buck si girò a testa in giù e cadde di nuovo violentemente al suolo.
Бък се преобърна с главата надолу и отново се срина силно.
Un'ultima volta, Buck si lanciò verso di lui, ormai a malapena in grado di reggersi in piedi.
За последен път Бък се нахвърли върху него, едва издържайки на краката.
L'uomo colpì con sapiente tempismo, sferrando il colpo finale.
Мъжът удари с експертно прецизно преценяване на времето, нанасяйки последния удар.

Buck crollò a terra, privo di sensi e immobile.
Бък се строполи на купчина, в безсъзнание и неподвижен.
"Non è uno stupido ad addestrare i cani, ecco cosa dico io", urlò un uomo.
„Не е никак слаб в обучаването на кучета, това казвам аз", извика един мъж.
"Druther può spezzare la volontà di un segugio in qualsiasi giorno della settimana."
„Друтер може да пречупи волята на куче по всяко време на седмицата."
"E due volte di domenica!" aggiunse l'autista.
„И два пъти в неделя!", добави шофьорът.
Salì sul carro e tirò le redini per partire.
Той се качи в каруцата и дръпна юздите, за да тръгне.
Buck riprese lentamente il controllo della sua coscienza
Бък бавно възвърна контрола над съзнанието си
ma il suo corpo era ancora troppo debole e rotto per muoversi.
но тялото му все още беше твърде слабо и съкрушено, за да се движи.
Rimase lì dove era caduto, osservando l'uomo con il maglione rosso.
Той лежеше там, където беше паднал, и наблюдаваше мъжа с червен пуловер.
"Risponde al nome di Buck", disse l'uomo, leggendo ad alta voce.
— Откликва на името Бък — каза мъжът, четейки на глас.
Citò la nota inviata con la cassa di Buck e i dettagli.
Той цитира бележката, изпратена със сандъка на Бък, и подробностите.
"Bene, Buck, ragazzo mio", continuò l'uomo con tono amichevole,
— Е, Бък, момчето ми — продължи мъжът с приятелски тон,
"Abbiamo avuto il nostro piccolo litigio, e ora tra noi è finita."
„Скарахме се малко и сега всичко между нас приключи."

"Tu hai imparato qual è il tuo posto, e io ho imparato qual è il mio", ha aggiunto.

„Ти си научил мястото си, а аз научих моето", добави той.

"Sii buono e tutto andrà bene e la vita sarà piacevole."

„Бъди добър и всичко ще бъде наред, а животът ще бъде приятен."

"Ma se sei cattivo, ti spaccherò a morte, capito?"

„Но ако бъдеш лош, ще те пребия от бой, разбираш ли?"

Mentre parlava, allungò la mano e accarezzò la testa dolorante di Buck.

Докато говореше, той протегна ръка и потупа болната глава на Бък.

I capelli di Buck si rizzarono al tocco dell'uomo, ma lui non oppose resistenza.

Косата на Бък се надигна от докосването на мъжа, но той не се съпротивляваше.

L'uomo gli portò dell'acqua e Buck la bevve a grandi sorsi.

Мъжът му донесе вода, която Бък изпи на големи глътки.

Poi arrivò la carne cruda, che Buck divorò pezzo per pezzo.

След това дойде сурово месо, което Бък поглъщаше парче по парче.

Sapeva di essere stato sconfitto, ma sapeva anche di non essere distrutto.

Той знаеше, че е победен, но знаеше също, че не е съкрушен.

Non aveva alcuna possibilità contro un uomo armato di manganello.

Той нямаше никакъв шанс срещу мъж, въоръжен с тояга.

Aveva imparato la verità e non dimenticò mai quella lezione.

Той беше научил истината и никога не забрави този урок.

Quell'arma segnò l'inizio della legge nel nuovo mondo di Buck.

Това оръжие беше началото на закона в новия свят на Бък.

Fu l'inizio di un ordine duro e primitivo che non poteva negare.

Това беше началото на един суров, примитивен ред, който той не можеше да отрече.

Accettò la verità: i suoi istinti selvaggi erano ormai risvegliati.
Той прие истината; дивите му инстинкти сега бяха будни.
Il mondo era diventato più duro, ma Buck lo affrontò coraggiosamente.
Светът беше станал по-суров, но Бък смело се изправи срещу него.
Affrontò la vita con una nuova cautela, astuzia e una forza silenziosa.
Той посрещна живота с нова предпазливост, хитрост и тиха сила.
Arrivarono altri cani, legati con corde o gabbie, come era successo a Buck.
Пристигнаха още кучета, вързани с въжета или сандъци, както беше Бък.
Alcuni cani procedevano con calma, altri si infuriavano e combattevano come bestie feroci.
Някои кучета идваха спокойно, други беснееха и се бореха като диви зверове.
Tutti loro furono sottoposti al dominio dell'uomo con il maglione rosso.
Всички те бяха подчинени на властта на мъжа с червения пуловер.
Ogni volta Buck osservava e vedeva svolgersi la stessa lezione.
Всеки път Бък наблюдаваше и виждаше как се разгръща един и същ урок.
L'uomo con la clava era la legge: un padrone a cui obbedire.
Мъжът с тоягата беше закон; господар, на когото трябва да се подчинява.
Non era necessario che gli piacesse, ma che gli si obbedisse.
Нямаше нужда да бъде харесван, но трябваше да му се подчиняват.
Buck non si è mai mostrato adulatore o scodinzolante come facevano i cani più deboli.
Бък никога не се подмазваше, нито махаше с ръце, както правеха по-слабите кучета.

Vide dei cani che erano stati picchiati e che continuavano a leccare la mano dell'uomo.
Той видя кучета, които бяха бити, и въпреки това облизваха ръката на мъжа.
Vide un cane che non obbediva né si sottometteva affatto.
Той видя едно куче, което изобщо не се подчиняваше, нито пък се покоряваше.
Quel cane ha combattuto fino alla morte nella battaglia per il controllo.
Това куче се бори, докато не беше убито в битката за контрол.
A volte degli sconosciuti venivano a trovare l'uomo con il maglione rosso.
Понякога непознати идваха да видят мъжа с червен пуловер.
Parlavano con toni strani, supplicando, contrattando e ridendo.
Те говореха със странен тон, умоляваха, пазаряха се и се смееха.
Dopo aver scambiato i soldi, se ne andavano con uno o più cani.
Когато се разменяха пари, те си тръгваха с едно или повече кучета.
Buck si chiese dove andassero questi cani, perché nessuno faceva mai ritorno.
Бък се зачуди къде са отишли тези кучета, защото никое никога не се е връщало.
la paura dell'ignoto riempiva Buck ogni volta che un uomo sconosciuto si avvicinava
Страхът от неизвестното изпълваше Бък всеки път, когато се появяваше непознат мъж.
era contento ogni volta che veniva preso un altro cane, al posto suo.
Той се радваше всеки път, когато отвличаха друго куче, а не него самия.
Ma alla fine arrivò il turno di Buck con l'arrivo di uno strano uomo.

Но най-накрая дойде ред на Бък с появата на един странен мъж.

Era piccolo, nervoso e parlava un inglese stentato e imprecava.

Той беше дребен, жилав и говореше на развален английски и ругаеше.

"Sacredam!" urlò quando vide il corpo di Buck.

„Сакредам!" извика той, когато зърна тялото на Бък.

"Che cane maledetto e prepotente! Eh? Quanto costa?" chiese ad alta voce.

„Това е едно проклето куче-таксист! А? Колко?" попита той на глас.

"Trecento, ed è un regalo a quel prezzo",

„Триста, а на тази цена е подарък."

"Dato che sono soldi del governo, non dovresti lamentarti, Perrault."

„Тъй като това са държавни пари, не бива да се оплакваш, Перо."

Perrault sorrise pensando all'accordo che aveva appena concluso con quell'uomo.

Перо се ухили на сделката, която току-що беше сключил с мъжа.

Il prezzo dei cani è salito alle stelle a causa della domanda improvvisa.

Цената на кучетата се беше покачила рязко поради внезапното търсене.

Trecento dollari non erano ingiusti per una bestia così bella.

Триста долара не бяха несправедливи за такъв хубав звяр.

Il governo canadese non perderebbe nulla dall'accordo

Канадското правителство няма да загуби нищо от сделката

Né i loro comunicati ufficiali avrebbero subito ritardi nel trasporto.

Нито пък официалните им пратки биха се забавили при транспортиране.

Perrault conosceva bene i cani e capì che Buck era una rarità.

Перо познаваше добре кучетата и можеше да види, че Бък е нещо рядко срещано.

"Uno su dieci diecimila", pensò, mentre studiava la corporatura di Buck.

„Едно на десет десет хиляди", помисли си той, докато изучаваше телосложението на Бък.

Buck vide il denaro cambiare di mano, ma non mostrò alcuna sorpresa.

Бък видя как парите сменят собственика си, но не показа изненада.

Poco dopo lui e Curly, un gentile Terranova, furono portati via.

Скоро той и Кърли, кротък нюфаундленд, бяха отведени.

Seguirono l'omino dal cortile della casa con il maglione rosso.

Те последваха дребния мъж от двора на червения пуловер.

Quella fu l'ultima volta che Buck vide l'uomo con la mazza di legno.

Това беше последният път, когато Бък видя човека с дървената тояга.

Dal ponte del Narwhal guardò Seattle svanire in lontananza.

От палубата на „Нарвал" той наблюдаваше как Сиатъл се изгубва в далечината.

Fu anche l'ultima volta che vide le calde terre del Sud.

Това беше и последният път, когато видя топлата Южна земя.

Perrault li portò sottocoperta e li lasciò con François.

Перо ги заведе под палубата и ги остави с Франсоа.

François era un gigante con la faccia nera e le mani ruvide e callose.

Франсоа беше чернолик гигант с груби, мазолести ръце.

Era un uomo dalla carnagione scura e dalla carnagione scura, un meticcio franco-canadese.

Той беше тъмен и мургав; полукръвен френско-канадец.

Per Buck, quegli uomini erano come non li aveva mai visti prima.

За Бък тези мъже бяха от вид, каквито никога преди не беше виждал.

Nei giorni a venire avrebbe avuto modo di conoscere molti di questi uomini.
В идните дни щеше да се запознае с много такива мъже.
Non cominciò ad affezionarsi a loro, ma finì per rispettarli.
Той не ги привлякъл, но започнал да ги уважава.
Erano giusti e saggi e non si lasciavano ingannare facilmente da nessun cane.
Те бяха справедливи и мъдри и не се подвеждаха лесно от никое куче.
Giudicavano i cani con calma e punivano solo quando meritavano.
Те съдеха кучетата спокойно и наказваха само когато бяха заслужени.
Sul ponte inferiore del Narwhal, Buck e Curly incontrarono due cani.
В долната палуба на „Нарвал" Бък и Кърли срещнали две кучета.
Uno era un grosso cane bianco proveniente dalle lontane e gelide isole Spitzbergen.
Едното беше голямо бяло куче от далечен, леден Шпицберген.
In passato aveva navigato su una baleniera e si era unito a un gruppo di ricerca.
Веднъж беше плавал с китоловен кораб и се беше присъединил към изследователска група.
Era amichevole, ma astuto, subdolo e subdolo.
Той беше дружелюбен по хитър, подъл и хитър начин.
Al loro primo pasto, rubò un pezzo di carne dalla padella di Buck.
На първото им хранене той открадна парче месо от тигана на Бък.
Buck saltò per punirlo, ma la frusta di François colpì per prima.
Бък скочи да го накаже, но камшикът на Франсоа го удари пръв.
Il ladro bianco urlò e Buck reclamò l'osso rubato.

Белият крадец извика и Бък си взе обратно откраднатата кост.
Questa correttezza colpì Buck e François si guadagnò il suo rispetto.
Тази справедливост впечатли Бък и Франсоа спечели уважението му.
L'altro cane non lo salutò e non volle nessuno in cambio.
Другото куче не поздрави и не поиска поздрав в замяна.
Non rubava il cibo, né annusava con interesse i nuovi arrivati.
Той не крадеше храна, нито пък подушваше с интерес новодошлите.
Questo cane era cupo e silenzioso, cupo e lento nei movimenti.
Това куче беше мрачно и тихо, мрачно и бавно движещо се.
Avvertì Curly di stargli lontano semplicemente lanciandole un'occhiata fulminante.
Той предупреди Кърли да стои настрана, като просто я изгледа свирепо.
Il suo messaggio era chiaro: lasciatemi in pace o saranno guai.
Посланието му беше ясно: оставете ме на мира или ще има проблеми.
Si chiamava Dave e non faceva quasi caso a ciò che lo circondava.
Казваше се Дейв и едва забелязваше обкръжението си.
Dormiva spesso, mangiava tranquillamente e sbadigliava di tanto in tanto.
Той спеше често, ядеше тихо и се прозяваше от време на време.

La nave ronzava costantemente con il rumore dell'elica sottostante.
Корабът бръмчеше непрекъснато, а витлото биеше отдолу.

I giorni passarono senza grandi cambiamenti, ma il clima si fece più freddo.
Дните минаваха с малка промяна, но времето ставаше по-студено.
Buck se lo sentiva nelle ossa e notò che anche gli altri lo sentivano.
Бък го усещаше в костите си и забеляза, че и другите го усещат.
Poi una mattina l'elica si fermò e tutto rimase immobile.
Тогава една сутрин витлото спря и всичко замлъкна.
Un'energia percorse la nave: qualcosa era cambiato.
Енергия премина през кораба; нещо се беше променило.
François scese, li mise al guinzaglio e li portò su.
Франсоа слезе долу, завърза ги на каишки и ги изведе горе.
Buck uscì e trovò il terreno morbido, bianco e freddo.
Бък излезе и откри, че земята е мека, бяла и студена.
Lui fece un balzo indietro allarmato e sbuffò in preda alla confusione più totale.
Той отскочи назад разтревожен и изсумтя напълно объркано.
Una strana sostanza bianca cadeva dal cielo grigio.
Странни бели неща падаха от сивото небе.
Si scosse, ma i fiocchi bianchi continuavano a cadergli addosso.
Той се разтърси, но белите слюнки продължаваха да кацат върху него.
Annusò attentamente la sostanza bianca e ne leccò alcuni pezzetti ghiacciati.
Той внимателно подуши бялото вещество и облиза няколко ледени парченца.
La polvere bruciò come il fuoco e poi svanì subito dalla sua lingua.
Прахът гореше като огън, след което изчезна от езика му.
Buck ci riprovò, sconcertato dallo strano freddo che svaniva.
Бък опита отново, озадачен от странната изчезваща студенина.
Gli uomini intorno a lui risero e Buck si sentì in imbarazzo.

Мъжете около него се засмяха и Бък се почувства неудобно.
Non sapeva perché, ma si vergognava della sua reazione.
Не знаеше защо, но се срамуваше от реакцията си.
Era la sua prima esperienza con la neve e la cosa lo confuse.
Това беше първият му опит със сняг и това го обърка.

La legge del bastone e della zanna
Законът на палицата и зъба

Il primo giorno di Buck sulla spiaggia di Dyea è stato un terribile incubo.
Първият ден на Бък на плажа Дайя се стори като ужасен кошмар.
Ogni ora portava con sé nuovi shock e cambiamenti inaspettati per Buck.
Всеки час носеше нови шокове и неочаквани промени за Бък.
Era stato strappato alla civiltà e gettato nel caos più totale.
Той беше изтръгнат от цивилизацията и хвърлен в див хаос.
Questa non era una vita soleggiata e pigra, fatta di noia e riposo.
Това не беше слънчев, мързелив живот със скука и почивка.
Non c'era pace, né riposo, né momento senza pericolo.
Нямаше мир, нямаше почивка и нямаше миг без опасност.
La confusione regnava su tutto e il pericolo era sempre vicino.
Объркването цареше навсякъде, а опасността винаги беше наблизо.
Buck doveva stare attento perché quegli uomini e quei cani erano diversi.
Бък трябваше да бъде нащрек, защото тези мъже и кучета бяха различни.
Non provenivano da città; erano selvaggi e spietati.
Те не бяха от градове; бяха диви и безмилостни.
Questi uomini e questi cani conoscevano solo la legge del bastone e della zanna.
Тези мъже и кучета познаваха само закона на тоягата и зъба.
Buck non aveva mai visto dei cani combattere come questi feroci husky.

Бък никога не беше виждал кучета да се бият така, както тези свирепи хъскита.
La sua prima esperienza gli insegnò una lezione che non avrebbe mai dimenticato.
Първото му преживяване го научи на урок, който никога нямаше да забрави.
Fu una fortuna che non fosse lui, altrimenti sarebbe morto anche lui.
Имаше късмет, че не беше той, иначе и той щеше да умре.
Curly era quello che soffriva, mentre Buck osservava e imparava.
Кърли беше този, който страдаше, докато Бък наблюдаваше и се учеше.
Si erano accampati vicino a un deposito costruito con tronchi.
Бяха направили лагер близо до магазин, построен от трупи.
Curly cercò di essere amichevole con un grosso husky simile a un lupo.
Кърли се опита да бъде приятелски настроен към голямо, подобно на вълк хъски.
L'husky era più piccolo di Curly, ma aveva un aspetto selvaggio e cattivo.
Хъскито беше по-малко от Кърли, но изглеждаше диво и злобно.
Senza preavviso, lui saltò su e le tagliò il viso.
Без предупреждение той скочи и разпори лицето й.
Con un solo movimento i suoi denti le tagliarono l'occhio fino alla mascella.
Зъбите му се прорязаха от окото й до челюстта й с едно движение.
Ecco come combattevano i lupi: colpivano velocemente e saltavano via.
Ето как се биеха вълците - удряха бързо и отскачаха.
Ma c'era molto di più da imparare da quell'unico attacco.
Но имаше още много неща за поука освен от тази единствена атака.

Decine di husky si precipitarono dentro e formarono un cerchio silenzioso.
Десетки хъскита се втурнаха и направиха безшумен кръг.
Osservavano attentamente e si leccavano le labbra per la fame.
Те наблюдаваха внимателно и облизваха устни от глад.
Buck non capiva il loro silenzio né i loro occhi ansiosi.
Бък не разбираше нито мълчанието им, нито нетърпеливите им очи.
Curly si lanciò ad attaccare l'husky una seconda volta.
Кърли се втурна да атакува хъските за втори път.
Usò il suo petto per buttarla a terra con un movimento violento.
Той използва гърдите си, за да я събори със силно движение.
Cadde su un fianco e non riuscì più a rialzarsi.
Тя падна настрани и не можа да се изправи отново.
Era proprio quello che gli altri aspettavano da tempo.
Това беше, което останалите чакаха през цялото време.
Gli husky le saltarono addosso, guaindo e ringhiando freneticamente.
Хъскитата скочиха върху нея, виейки и ръмжейки бясно.
Lei urlò mentre la seppellivano sotto una pila di cani.
Тя крещеше, докато я заравяха под купчина кучета.
L'attacco fu così rapido che Buck rimase immobile per lo shock.
Атаката беше толкова бърза, че Бък замръзна на място от шок.
Vide Spitz tirare fuori la lingua in un modo che sembrava una risata.
Той видя как Шпиц показа език по начин, който приличаше на смях.
François afferrò un'ascia e corse dritto verso il gruppo di cani.
Франсоа грабна брадва и се втурна право в групата кучета.
Altri tre uomini hanno usato dei manganelli per allontanare gli husky.

Трима други мъже използваха тояги, за да помогнат на хъскитата да прогонят.
In soli due minuti la lotta finì e i cani se ne andarono.
Само за две минути битката приключи и кучетата ги нямаше.
Curly giaceva morta nella neve rossa calpestata, con il corpo fatto a pezzi.
Кърли лежеше мъртва в червения, утъпкан сняг, тялото ѝ беше разкъсано на парчета.
Un uomo dalla pelle scura era in piedi davanti a lei, maledicendo la scena brutale.
Тъмнокож мъж стоеше над нея и проклинаше жестоката сцена.
Il ricordo rimase con Buck e ossessionò i suoi sogni notturni.
Споменът остана с Бък и го преследваше в сънищата през нощта.
Ecco come funzionava: niente equità, niente seconda possibilità.
Така беше тук; без справедливост, без втори шанс.
Una volta caduto un cane, gli altri lo uccidevano senza pietà.
Щом куче паднеше, останалите го убиваха безмилостно.
Buck decise allora che non si sarebbe mai lasciato cadere.
Тогава Бък реши, че никога няма да си позволи да падне.
Spitz tirò fuori di nuovo la lingua e rise guardando il sangue.
Шпиц отново показа език и се засмя на кръвта.
Da quel momento in poi, Buck odiò Spitz con tutto il cuore.
От този момент нататък Бък намрази Шпиц с цялото си сърце.

Prima che Buck potesse riprendersi dalla morte di Curly, accadde qualcosa di nuovo.
Преди Бък да успее да се възстанови от смъртта на Кърли, се случи нещо ново.
François si avvicinò e legò qualcosa attorno al corpo di Buck.
Франсоа се приближи и завърза нещо около тялото на Бък.

Era un'imbracatura simile a quelle usate per i cavalli al ranch.
Беше сбруя, подобна на тези, използвани за конете в ранчото.
Così come Buck aveva visto lavorare i cavalli, ora era costretto a lavorare anche lui.
Както Бък беше виждал конете да работят, сега и той беше принуден да работи.
Dovette trascinare François su una slitta nella foresta vicina.
Трябваше да закара Франсоа с шейна в близката гора.
Poi dovette trascinare indietro un pesante carico di legna da ardere.
След това трябваше да издърпа назад товар от тежки дърва за огрев.
Buck era orgoglioso e gli faceva male essere trattato come un animale da lavoro.
Бък беше горд, затова го болеше, че се отнасят с него като с работно животно.
Ma era saggio e non cercò di combattere la nuova situazione.
Но той беше мъдър и не се опита да се бори с новата ситуация.
Accettò la sua nuova vita e diede il massimo in ogni compito.
Той прие новия си живот и даде най-доброто от себе си във всяка задача.
Tutto di quel lavoro gli risultava strano e sconosciuto.
Всичко в работата му беше странно и непознато.
François era severo e pretendeva obbedienza senza indugio.
Франсоа беше строг и изискваше подчинение без забавяне.
La sua frusta garantiva che ogni comando venisse eseguito immediatamente.
Камшикът му се грижеше всяка команда да се изпълнява едновременно.
Dave era il timoniere, il cane più vicino alla slitta dietro Buck.
Дейв беше кучето, което седеше най-близо до шейната зад Бък.

Se commetteva un errore, Dave mordeva Buck sulle zampe posteriori.
Дейв хапеше Бък по задните крака, ако той правеше грешка.
Spitz era il cane guida, abile ed esperto nel ruolo.
Шпиц беше водещото куче, умело и опитно в ролята.
Spitz non riusciva a raggiungere Buck facilmente, ma lo corresse comunque.
Шпиц не можа лесно да достигне до Бък, но все пак го поправи.
Ringhiava aspramente o tirava la slitta in modi che insegnavano a Buck.
Той ръмжеше грубо или дърпаше шейната по начин, който поучи Бък.
Grazie a questo addestramento, Buck imparò più velocemente di quanto tutti si aspettassero.
С това обучение Бък се учеше по-бързо, отколкото който и да е от тях очакваше.
Lavorò duramente e imparò sia da François che dagli altri cani.
Той работеше усилено и се учеше както от Франсоа, така и от другите кучета.
Quando tornarono, Buck conosceva già i comandi chiave.
Когато се върнаха, Бък вече знаеше основните команди.
Imparò a fermarsi al suono della parola "oh" di François.
Той се научи да спира при звука на „хо" от Франсоа.
Imparò quando era il momento di tirare la slitta e correre.
Той научи кога трябва да тегли шейната и да бяга.
Imparò a svoltare senza problemi nelle curve del sentiero.
Той се научи да завива широко на завоите по пътеката без проблем.
Imparò anche a evitare Dave quando la slitta scendeva velocemente.
Той също така се научи да избягва Дейв, когато шейната се спускаше бързо надолу.
"Sono cani molto buoni", disse orgoglioso François a Perrault.

„Те са много добри кучета", гордо каза Франсоа на Перо.
"Quel Buck tira come un dannato, glielo insegno subito."
„Този Бък дърпа страхотно — уча го най-бързо."

Più tardi quel giorno, Perrault tornò con altri due husky.
По-късно същия ден Перо се върна с още две хъскита.
Si chiamavano Billee e Joe ed erano fratelli.
Казваха се Били и Джо и бяха братя.
Provenivano dalla stessa madre, ma non erano affatto simili.
Те произлизаха от една и съща майка, но изобщо не си приличаха.
Billee era un tipo dolce e molto amichevole con tutti.
Били беше мила и прекалено дружелюбна с всички.
Joe era l'opposto: silenzioso, arrabbiato e sempre ringhiante.
Джо беше точно обратното - тих, ядосан и винаги ръмжещ.
Buck li salutò amichevolmente e si mantenne calmo con entrambi.
Бък ги поздрави приятелски и беше спокоен и с двамата.
Dave non prestò loro attenzione e rimase in silenzio come al solito.
Дейв не им обърна внимание и мълчеше както обикновено.
Spitz attaccò prima Billee, poi Joe, per dimostrare la sua superiorità.
Шпиц атакува първо Били, а после Джо, за да покаже господството си.
Billee scodinzolava e cercava di essere amichevole con Spitz.
Били махаше с опашка и се опитваше да бъде приятелски настроен към Шпиц.
Quando questo non funzionò, cercò di scappare.
Когато това не се получи, той се опита да избяга.
Pianse tristemente quando Spitz lo morse forte sul fianco.
Той се разплака тъжно, когато Шпиц го ухапа силно отстрани.
Ma Joe era molto diverso e si rifiutava di farsi prendere in giro.

Но Джо беше много различен и отказа да бъде тормозен.
Ogni volta che Spitz si avvicinava, Joe si girava velocemente per affrontarlo.
Всеки път, когато Шпиц се приближаваше, Джо се обръщаше бързо към него.
La sua pelliccia si drizzò, le sue labbra si arricciarono e i suoi denti schioccarono selvaggiamente.
Козината му настръхна, устните му се извиха, а зъбите му щракаха диво.
Gli occhi di Joe brillavano di paura e rabbia, sfidando Spitz a colpire.
Очите на Джо блестяха от страх и ярост, предизвиквайки Шпиц да удари.
Spitz abbandonò la lotta e si voltò, umiliato e arrabbiato.
Шпиц се отказа от битката и се обърна, унижен и ядосан.
Sfogò la sua frustrazione sul povero Billee e lo cacciò via.
Той изля ядосанието си върху горкия Били и го прогони.
Quella sera Perrault aggiunse un altro cane alla squadra.
Същата вечер Перо добави още едно куче към отбора.
Questo cane era vecchio, magro e coperto di cicatrici di battaglia.
Това куче беше старо, слабо и покрито с бойни белези.
Gli mancava un occhio, ma l'altro brillava di potere.
Едното му око липсваше, но другото светеше мощно.
Il nome del nuovo cane era Solleks, che significa "l'Arrabbiato".
Новото куче се казвало Солекс, което означавало Гневният.
Come Dave, Solleks non chiedeva nulla agli altri e non dava nulla in cambio.
Подобно на Дейв, Солекс не искаше нищо от другите и не даваше нищо в замяна.
Quando Solleks entrò lentamente nell'accampamento, persino Spitz rimase lontano.
Когато Солекс бавно влезе в лагера, дори Шпиц остана настрана.
Aveva una strana abitudine che Buck ebbe la sfortuna di scoprire.

Той имаше странен навик, който Бък за нещастието не успя да открие.
Solleks detestava essere avvicinato dal lato in cui era cieco.
Солекс мразеше да го приближават от страната, където е сляп.
Buck non lo sapeva e commise quell'errore per sbaglio.
Бък не знаеше това и направи тази грешка случайно.
Solleks si voltò di scatto e colpì la spalla di Buck in modo profondo e rapido.
Солекс се завъртя и замахна дълбоко и бързо по рамото на Бък.
Da quel momento in poi, Buck non si avvicinò mai più al lato cieco di Solleks.
От този момент нататък Бък никога не се приближаваше до сляпата страна на Солекс.
Non ebbero mai più problemi per il resto del tempo che trascorsero insieme.
Те никога повече не са имали проблеми до края на времето, което са били заедно.
Solleks voleva solo essere lasciato solo, come il tranquillo Dave.
Солекс искаше само да бъде оставен на мира, като тихия Дейв.
Ma Buck avrebbe scoperto in seguito che ognuno di loro aveva un altro obiettivo segreto.
Но по-късно Бък щеше да научи, че всеки от тях има друга тайна цел.
Quella notte Buck si trovò ad affrontare una nuova e preoccupante sfida: come dormire.
Същата нощ Бък се изправи пред ново и обезпокоително предизвикателство – как да спи.
La tenda era illuminata caldamente dalla luce delle candele nel campo innevato.
Палатката светеше топло от светлината на свещи в заснеженото поле.
Buck entrò, pensando che lì avrebbe potuto riposare come prima.

Бък влезе вътре, мислейки си, че може да си почине там както преди.

Ma Perrault e François gli urlarono contro e gli tirarono delle padelle.

Но Перо и Франсоа му се развикаха и хвърляха тигани.

Sconvolto e confuso, Buck corse fuori nel freddo gelido.

Шокиран и объркан, Бък изтича навън в ледения студ.

Un vento gelido gli pungeva la spalla ferita e gli congelava le zampe.

Силен вятър жилеше раненото му рамо и измръзваше лапите му.

Si sdraiò sulla neve e cercò di dormire all'aperto.

Той легна в снега и се опита да спи на открито.

Ma il freddo lo costrinse presto a rialzarsi, tremando forte.

Но студът скоро го принуди да се изправи отново, треперейки силно.

Vagò per l'accampamento, cercando di trovare un posto più caldo.

Той се скиташе из лагера, опитвайки се да намери по-топло място.

Ma ogni angolo era freddo come quello precedente.

Но всеки ъгъл беше също толкова студен, колкото и предишния.

A volte dei cani feroci gli saltavano addosso dall'oscurità.

Понякога свирепи кучета скачаха върху него от тъмнината.

Buck drizzò il pelo, scoprì i denti e ringhiò in tono ammonitore.

Бък настръхна, оголи зъби и изръмжа предупредително.

Lui stava imparando in fretta e gli altri cani si sono subito tirati indietro.

Той се учеше бързо и другите кучета бързо се отдръпваха.

Tuttavia, non aveva un posto dove dormire e non aveva idea di cosa fare.

Въпреки това, той нямаше къде да спи и нямаше представа какво да прави.

Alla fine gli venne in mente un pensiero: andare a dare un'occhiata ai suoi compagni di squadra.

Накрая му хрумна една мисъл — да провери съотборниците си.

Ritornò nella loro zona e rimase sorpreso nel constatare che non c'erano più.

Той се върнал в техния район и бил изненадан, че ги няма.

Cercò di nuovo nell'accampamento, ma ancora non riuscì a trovarli.

Той отново претърси лагера, но пак не можа да ги намери.

Sapeva che loro non potevano stare nella tenda, altrimenti ci sarebbe stato anche lui.

Знаеше, че не могат да бъдат в палатката, иначе и той щеше да е.

E allora, dove erano finiti tutti i cani in quell'accampamento ghiacciato?

И така, къде бяха отишли всички кучета в този замръзнал лагер?

Buck, infreddolito e infelice, girò lentamente intorno alla tenda.

Бък, премръзнал и нещастен, бавно обикаляше около палатката.

All'improvviso, le sue zampe anteriori sprofondarono nella neve soffice e lo spaventarono.

Внезапно предните му крака потънаха в мекия сняг и го стреснаха.

Qualcosa si mosse sotto i suoi piedi e lui fece un salto indietro per la paura.

Нещо се изви под краката му и той отскочи назад от страх.

Ringhiava e ringhiava, non sapendo cosa si nascondesse sotto la neve.

Той ръмжеше и изръмжаваше, без да знае какво се крие под снега.

Poi udì un piccolo abbaio amichevole che placò la sua paura.

Тогава чу приятелски тих лай, който облекчи страха му.

Annusò l'aria e si avvicinò per vedere cosa fosse nascosto.

Той подуши въздуха и се приближи, за да види какво е скрито.

Sotto la neve, rannicchiata in una calda palla, c'era la piccola Billee.
Под снега, свита на топла топка, лежеше малката Били.
Billee scodinzolò e leccò il muso di Buck per salutarlo.
Били размаха опашка и облиза лицето на Бък, за да го поздрави.
Buck vide come Billee si era costruito un posto per dormire nella neve.
Бък видя как Били си беше направила място за спане в снега.
Aveva scavato e sfruttato il suo calore per scaldarsi.
Той се беше изкопал и използваше собствената си топлина, за да се стопли.
Buck aveva imparato un'altra lezione: ecco come dormivano i cani.
Бък беше научил още един урок — ето как спят кучетата.
Scelse un posto e cominciò a scavare la sua buca nella neve.
Той избра място и започна да копае собствена дупка в снега.
All'inizio si muoveva troppo e sprecava energie.
В началото се движеше твърде много и пилееше енергия.
Ma ben presto il suo corpo riscaldò lo spazio e si sentì al sicuro.
Но скоро тялото му стопли пространството и той се почувства в безопасност.
Si rannicchiò forte e poco dopo si addormentò profondamente.
Той се сви плътно на кълбо и не след дълго заспа дълбоко.
La giornata era stata lunga e dura e Buck era esausto.
Денят беше дълъг и тежък, а Бък беше изтощен.
Dormì profondamente e comodamente, anche se fece sogni selvaggi.
Той спеше дълбоко и удобно, макар че сънищата му бяха необуздани.
Ringhiava e abbaiava nel sonno, contorcendosi mentre sognava.

Той ръмжеше и лаеше насън, въртейки се, докато сънуваше.

Buck non si svegliò finché l'accampamento non cominciò a prendere vita.
Бък не се събуди, докато лагерът вече не се оживи.
All'inizio non sapeva dove si trovasse o cosa fosse successo.
В началото не знаеше къде е или какво се е случило.
La neve era caduta durante la notte e aveva seppellito completamente il suo corpo.
През нощта падна сняг и тялото му беше напълно затрупано.
La neve lo circondava, fitta su tutti i lati.
Снегът го притискаше, плътно от всички страни.
All'improvviso un'ondata di paura percorse tutto il corpo di Buck.
Изведнъж вълна от страх премина през цялото тяло на Бък.
Era la paura di rimanere intrappolati, una paura che proveniva da istinti profondi.
Това беше страхът да не бъдат в капан, страх, произтичащ от дълбоки инстинкти.
Sebbene non avesse mai visto una trappola, la paura era viva dentro di lui.
Въпреки че никога не беше виждал капан, страхът живееше вътре в него.
Era un cane addomesticato, ma ora i suoi vecchi istinti selvaggi si stavano risvegliando.
Той беше кротко куче, но сега старите му диви инстинкти се пробуждаха.
I muscoli di Buck si irrigidirono e il pelo gli si rizzò su tutta la schiena.
Мускулите на Бък се стегнаха и козината му настръхна по целия гръб.
Ringhiò furiosamente e balzò in piedi nella neve.
Той изръмжа свирепо и скочи право нагоре през снега.

La neve volava in ogni direzione mentre lui irrompeva nella luce del giorno.
Сняг летеше във всички посоки, когато той изскочи на дневна светлина.
Ancora prima di atterrare, Buck vide l'accampamento disteso davanti a lui.
Още преди да кацне, Бък видя лагера, разпростиращ се пред него.
Ricordò tutto del giorno prima, tutto in una volta.
Той си спомни всичко от предния ден, наведнъж.
Ricordava di aver passeggiato con Manuel e di essere finito in quel posto.
Той си спомни как се разхождаше с Мануел и как се озова на това място.
Ricordava di aver scavato la buca e di essersi addormentato al freddo.
Той си спомни как изкопа дупката и заспи в студа.
Ora era sveglio e il mondo selvaggio intorno a lui era limpido.
Сега беше буден и дивият свят около него беше ясен.
Un grido di François annunciò l'improvvisa apparizione di Buck.
Вик от Франсоа приветства внезапната поява на Бък.
"Cosa ho detto?" gridò a gran voce il conducente del cane a Perrault.
— Какво казах? — извика високо кучетоводът на Перо.
"Quel Buck impara sicuramente in fretta", ha aggiunto François.
„Този Бък със сигурност се учи бързо от всичко", добави Франсоа.
Perrault annuì gravemente, visibilmente soddisfatto del risultato.
Перо кимна сериозно, очевидно доволен от резултата.
In qualità di corriere del governo canadese, trasportava dispacci.
Като куриер на канадското правителство, той носеше пратки.

Era ansioso di trovare i cani migliori per la sua importante missione.
Той беше нетърпелив да намери най-добрите кучета за важната си мисия.
Ora si sentiva particolarmente contento che Buck facesse parte della squadra.
Той се чувстваше особено доволен сега, когато Бък беше част от екипа.
Nel giro di un'ora, alla squadra furono aggiunti altri tre husky.
В рамките на един час към отбора бяха добавени още три хъскита.
Ciò ha portato il numero totale dei cani della squadra a nove.
Това доведе общия брой на кучетата в екипа до девет.
Nel giro di quindici minuti tutti i cani erano imbracati.
В рамките на петнадесет минути всички кучета бяха с хамути.
La squadra di slitte stava risalendo il sentiero verso Dyea Cañon.
Впрягът с шейни се изкачваше по пътеката към каньона Дайя.
Buck era contento di andarsene, anche se il lavoro che lo attendeva era duro.
Бък се радваше, че си тръгва, дори и работата да беше трудна.
Scoprì di non disprezzare particolarmente né il lavoro né il freddo.
Той откри, че не презира особено труда или студа.
Fu sorpreso dall'entusiasmo che pervadeva tutta la squadra.
Той беше изненадан от нетърпението, което изпълваше целия екип.
Ancora più sorprendente fu il cambiamento avvenuto in Dave e Solleks.
Още по-изненадваща беше промяната, която настъпи с Дейв и Солекс.
Questi due cani erano completamente diversi quando venivano imbrigliati.

Тези две кучета бяха напълно различни, когато бяха впрегнати.
La loro passività e la loro disattenzione erano completamente scomparse.
Тяхната пасивност и липса на загриженост бяха напълно изчезнали.
Erano attenti e attivi, desiderosi di svolgere bene il loro lavoro.
Те бяха бдителни, активни и нетърпеливи да си вършат добре работата.
Si irritavano ferocemente per qualsiasi cosa provocasse ritardi o confusione.
Те се дразнеха силно от всичко, което причиняваше забавяне или объркване.
Il duro lavoro sulle redini era il centro del loro intero essere.
Упоритата работа с юздите беше центърът на цялото им същество.
Sembrava che l'unica cosa che gli piacesse davvero fosse tirare la slitta.
Тегленето на шейна изглеждаше единственото нещо, на което наистина се наслаждаваха.
Dave era in fondo al gruppo, il più vicino alla slitta.
Дейв беше най-отзад в групата, най-близо до самата шейна.
Buck fu messo davanti a Dave e Solleks superò Buck.
Бък беше поставен пред Дейв, а Солекс изпревари Бък.
Il resto dei cani era disposto in fila indiana davanti a loro.
Останалите кучета бяха наредени напред в колона по едно.
La posizione di testa in prima linea era occupata da Spitz.
Водещата позиция отпред беше заета от Шпиц.
Buck era stato messo tra Dave e Solleks per essere istruito.
Бък беше поставен между Дейв и Солекс за инструкции.
Lui imparava in fretta e gli insegnanti erano risoluti e capaci.
Той учеше бързо, а те бяха твърди и способни учители.
Non permisero mai a Buck di restare a lungo nell'errore.
Те никога не позволяваха на Бък да остане в грешка за дълго.

Quando necessario, impartivano le lezioni con denti affilati.
Те преподаваха уроците си с остри зъби, когато беше необходимо.
Dave era giusto e dimostrava una saggezza pacata e seria.
Дейв беше справедлив и показваше тиха, сериозна мъдрост.
Non mordeva mai Buck senza una buona ragione.
Той никога не хапеше Бък без основателна причина за това.
Ma non mancava mai di mordere quando Buck aveva bisogno di essere corretto.
Но той никога не пропускаше да хапе, когато Бък се нуждаеше от корекция.
La frusta di François era sempre pronta e sosteneva la loro autorità.
Камшикът на Франсоа винаги беше готов и подкрепяше авторитета им.
Buck scoprì presto che era meglio obbedire che reagire.
Бък скоро откри, че е по-добре да се подчинява, отколкото да се съпротивлява.
Una volta, durante un breve riposo, Buck rimase impigliato nelle redini.
Веднъж, по време на кратка почивка, Бък се оплел в юздите.
Ritardò la partenza e confuse i movimenti della squadra.
Той забави старта и обърка движението на отбора.
Dave e Solleks si avventarono su di lui e lo picchiarono duramente.
Дейв и Солекс се нахвърлиха върху него и го набиха жестоко.
La situazione peggiorò ulteriormente, ma Buck imparò bene la lezione.
Заплетеницата само се влоши, но Бък научи добре урока си.
Da quel momento in poi tenne le redini tese e lavorò con attenzione.

Оттогава нататък той държеше юздите опънати и работеше внимателно.

Prima che la giornata finisse, Buck aveva portato a termine gran parte del suo compito.

Преди края на деня Бък беше усвоил голяма част от задачата си.

I suoi compagni di squadra quasi smisero di correggerlo o di morderlo.

Съотборниците му почти спряха да го поправят или хапят.

La frusta di François schioccava nell'aria sempre meno spesso.

Камшикът на Франсоа пукаше във въздуха все по-рядко.

Perrault sollevò addirittura i piedi di Buck ed esaminò attentamente ogni zampa.

Перо дори повдигна краката на Бък и внимателно огледа всяка лапа.

Era stata una giornata di corsa dura, lunga ed estenuante per tutti loro.

Беше тежък ден на бягане, дълъг и изтощителен за всички тях.

Risalirono il Cañon, attraversarono Sheep Camp e superarono le Scales.

Те пътуваха нагоре по каньона, през Овчия лагер и покрай Везните.

Superarono il limite della vegetazione arborea, poi ghiacciai e cumuli di neve alti diversi metri.

Те прекосиха границата на гората, после ледници и снежни преспи, дълбоки много фута.

Scalarono il grande e freddo Chilkoot Divide.

Те изкачиха големия студен и застрашаващ Чилкут Дивейд.

Quella cresta elevata si ergeva tra l'acqua salata e l'interno ghiacciato.

Този висок хребет се извисяваше между солената вода и замръзналата вътрешност.

Le montagne custodivano il triste e solitario Nord con ghiaccio e ripide salite.
Планините пазели тъжния и самотен Север с лед и стръмни изкачвания.
Scesero rapidamente lungo una lunga catena di laghi sotto la dorsale.
Те се спуснаха добре по дълга верига от езера под вододела.
Questi laghi riempivano gli antichi crateri di vulcani spenti.
Тези езера са запълвали древните кратери на изгаснали вулкани.
Quella notte tardi raggiunsero un grande accampamento presso il lago Bennett.
Късно същата нощ те стигнаха до голям лагер на езерото Бенет.
Migliaia di cercatori d'oro erano lì, intenti a costruire barche per la primavera.
Хиляди златотърсачи бяха там, строяха лодки за пролетта.
Il ghiaccio si sarebbe presto rotto e dovevano essere pronti.
Ледът скоро щеше да се разтопи и те трябваше да бъдат готови.
Buck scavò la sua buca nella neve e cadde in un sonno profondo.
Бък изкопа дупката си в снега и заспа дълбоко.
Dormiva come un lavoratore, esausto dopo una dura giornata di lavoro.
Той спеше като работещ човек, изтощен от тежкия ден на труда.
Ma venne strappato al sonno troppo presto, nell'oscurità.
Но твърде рано в тъмнината той беше изтръгнат от съня.
Fu nuovamente imbrigliato insieme ai suoi compagni e attaccato alla slitta.
Той отново беше впрегнат заедно с приятелите си и прикрепен към шейната.
Quel giorno percorsero quaranta miglia, perché la neve era ben calpestata.

Този ден изминаха четиридесет мили, защото снегът беше добре утъпкан.
Il giorno dopo, e per molti giorni a seguire, la neve era soffice.
На следващия ден, както и в продължение на много дни след това, снегът беше мек.
Dovettero farsi strada da soli, lavorando di più e muovendosi più lentamente.
Трябваше сами да си проправят пътеката, работейки по-усърдно и движейки се по-бавно.
Di solito, Perrault camminava davanti alla squadra con le ciaspole palmate.
Обикновено Перо вървеше пред впряга със снегоходки с ципести ...
I suoi passi compattavano la neve, facilitando lo spostamento della slitta.
Стъпките му утъпкваха снега, улеснявайки движението на шейната.
François, che era al timone della barca a vela, a volte prendeva il comando.
Франсоа, който управляваше от кормилния прът, понякога поемаше управлението.
Ma era raro che François prendesse l'iniziativa
Но рядко се случваше Франсоа да поема водеща роля
perché Perrault aveva fretta di consegnare le lettere e i pacchi.
защото Перо бързал да достави писмата и пакетите.
Perrault era orgoglioso della sua conoscenza della neve, e in particolare del ghiaccio.
Перо се гордееше с познанията си за снега, и особено за леда.
Questa conoscenza era essenziale perché il ghiaccio autunnale era pericolosamente sottile.
Това знание беше от съществено значение, защото есенният лед беше опасно тънък.
Dove l'acqua scorreva rapidamente sotto la superficie non c'era affatto ghiaccio.

Там, където водата течеше бързо под повърхността, изобщо нямаше лед.

Giorno dopo giorno, la stessa routine si ripeteva senza fine.
Ден след ден, една и съща рутина се повтаряше безкрайно.
Buck lavorava senza sosta con le redini, dall'alba alla sera.
Бък се трудеше безкрайно с юздите от зори до вечер.
Lasciarono l'accampamento al buio, molto prima che sorgesse il sole.
Те напуснаха лагера по тъмно, много преди слънцето да е изгряло.
Quando spuntò l'alba, avevano già percorso molti chilometri.
Когато се съмна, много километри вече бяха зад гърба им.
Si accamparono dopo il tramonto, mangiando pesce e scavando buche nella neve.
Те разпънаха лагера си след залез слънце, ядяха риба и се заравяха в снега.
Buck era sempre affamato e non era mai veramente soddisfatto della sua razione.
Бък винаги беше гладен и никога не беше истински доволен от дажбата си.
Riceveva ogni giorno mezzo chilo di salmone essiccato.
Всеки ден получаваше половин килограм и половина сушена сьомга.
Ma il cibo sembrò svanire dentro di lui, lasciandogli solo la fame.
Но храната сякаш изчезна в него, оставяйки след себе си глада.
Soffriva di continui morsi della fame e sognava di avere più cibo.
Той страдаше от постоянни пристъпи на глад и мечтаеше за още храна.
Gli altri cani hanno ricevuto solo mezzo chilo di cibo, ma sono rimasti forti.
Другите кучета получиха само половин килограм храна, но останаха силни.

Erano più piccoli ed erano nati in una società nordica.
Те бяха по-дребни и бяха родени в северния живот.
Perse rapidamente la pignoleria che aveva caratterizzato la sua vecchia vita.
Той бързо загуби педантичността, която беляза предишния му живот.
Fino a quel momento era stato un mangiatore prelibato, ma ora non gli era più possibile.
Той беше изискан ядец, но сега това вече не беше възможно.
I suoi compagni arrivarono primi e gli rubarono la razione rimasta.
Другарите му свършиха първи и го ограбиха от недоядената му дажба.
Una volta cominciati, non c'era più modo di difendere il cibo da loro.
След като започнаха, нямаше начин да защити храната си от тях.
Mentre lui lottava contro due o tre cani, gli altri rubarono il resto.
Докато той се бореше с две или три кучета, останалите откраднаха останалите.
Per risolvere il problema, cominciò a mangiare velocemente come mangiavano gli altri.
За да поправи това, той започна да яде толкова бързо, колкото ядяха и останалите.
La fame lo spingeva così forte che arrivò persino a prendere del cibo non suo.
Гладът го тласкаше толкова силно, че дори взе храна, която не беше негова.
Osservò gli altri e imparò rapidamente dalle loro azioni.
Той наблюдаваше останалите и бързо се учеше от действията им.
Vide Pike, un nuovo cane, rubare una fetta di pancetta a Perrault.
Той видя как Пайк, ново куче, открадна резен бекон от Перо.

Pike aveva aspettato che Perrault gli voltasse le spalle per rubare la pagnotta.
Пайк беше изчакал Перо да се обърне с гръб, за да открадне бекона.
Il giorno dopo, Buck copiò Pike e rubò l'intero pezzo.
На следващия ден Бък копира Пайк и открадна цялото парче.
Seguì un gran tumulto, ma Buck non fu sospettato.
Последва голяма врява, но Бък не беше заподозрян.
Al suo posto venne punito Dub, un cane goffo che veniva sempre beccato.
Дъб, тромаво куче, което винаги се хващаше, беше наказан вместо това.
Quel primo furto fece di Buck un cane adatto a sopravvivere al Nord.
Тази първа кражба бележи Бък като куче, годно да оцелее на Севера.
Ha dimostrato di sapersi adattare alle nuove condizioni e di saper imparare rapidamente.
Той показа, че може да се адаптира към нови условия и да се учи бързо.
Senza tale adattabilità, sarebbe morto rapidamente e gravemente.
Без такава адаптивност, той щеше да умре бързо и тежко.
Segnò anche il crollo della sua natura morale e dei suoi valori passati.
Това също така бележи разпадането на неговия морален характер и миналите му ценности.
Nel Southland aveva vissuto secondo la legge dell'amore e della gentilezza.
В Южната земя той беше живял под закона на любовта и добротата.
Lì aveva senso rispettare la proprietà e i sentimenti degli altri cani.
Там имаше смисъл да се уважава собствеността и чувствата на другите кучета.

Ma i Northland seguivano la legge del bastone e la legge della zanna.
Но Северната земя следваше закона на тоягата и закона на зъба.
Chiunque rispettasse i vecchi valori era uno sciocco e avrebbe fallito.
Който и да е уважавал старите ценности тук, е бил глупав и ще се провали.
Buck non rifletté su tutto questo nella sua mente.
Бък не обмисли всичко това наум.
Era in forma e quindi si adattò senza pensarci due volte.
Той беше във форма и затова се приспособи, без да е необходимо да мисли.
In tutta la sua vita non era mai fuggito da una rissa.
През целия си живот никога не беше бягал от бой.
Ma la mazza di legno dell'uomo con il maglione rosso cambiò la regola.
Но дървената тояга на мъжа с червения пуловер промени това правило.
Ora seguiva un codice più profondo e antico, inscritto nel suo essere.
Сега той следваше един по-дълбок, по-древен код, вписан в съществото му.
Non rubava per piacere, ma per il dolore della fame.
Той не крадеше от удоволствие, а от болката на глада.
Non rubava mai apertamente, ma rubava con astuzia e attenzione.
Той никога не е грабил открито, а е крал с хитрост и внимание.
Agì per rispetto verso la clava di legno e per paura delle zanne.
Той действаше от уважение към дървената тояга и от страх от зъба.
In breve, ha fatto ciò che era più facile e sicuro che non farlo.
Накратко, той направи това, което беше по-лесно и по-безопасно, отколкото да не го направи.

Il suo sviluppo, o forse il suo ritorno ai vecchi istinti, fu rapido.
Развитието му – или може би завръщането му към старите инстинкти – беше бързо.
I suoi muscoli si indurirono fino a diventare forti come il ferro.
Мускулите му се втвърдиха, докато не се почувстваха здрави като желязо.
Non gli importava più del dolore, a meno che non fosse grave.
Вече не го интересуваше болката, освен ако не беше сериозна.
Divenne efficiente dentro e fuori, senza sprecare nulla.
Той стана ефикасен отвътре и отвън, без да губи нищо.
Poteva mangiare cose disgustose, marce o difficili da digerire.
Той можеше да яде неща, които бяха отвратителни, гнили или трудни за смилане.
Qualunque cosa mangiasse, il suo stomaco ne sfruttava ogni singolo pezzetto di valore.
Каквото и да ядеше, стомахът му използваше и последната частица ценност.
Il suo sangue trasportava i nutrienti in tutto il suo potente corpo.
Кръвта му разнасяше хранителните вещества надалеч през мощното му тяло.
Ciò gli ha permesso di sviluppare tessuti forti che gli hanno conferito un'incredibile resistenza.
Това изгради здрави тъкани, които му дадоха невероятна издръжливост.
La sua vista e il suo olfatto diventarono molto più sensibili di prima.
Зрението и обонянието му станаха много по-чувствителни от преди.
Il suo udito diventò così acuto che riusciva a percepire anche i suoni più deboli durante il sonno.

Слухът му се изостри толкова много, че можеше да долавя слаби звуци дори насън.

Nei sogni sapeva se quei suoni significavano sicurezza o pericolo.

В сънищата си той знаеше дали звуците означават безопасност или опасност.

Imparò a mordere con i denti il ghiaccio tra le dita dei piedi.

Той се научи да гризе леда между пръстите на краката си със зъби.

Se una pozza d'acqua si ghiacciava, lui rompeva il ghiaccio con le gambe.

Ако някой воден басейн замръзнеше, той чупеше леда с краката си.

Si impennò e colpì duramente il ghiaccio con gli arti anteriori rigidi.

Той се изправи на задните си крака и удари силно леда с вкочанените си предни крайници.

La sua abilità più sorprendente era quella di prevedere i cambiamenti del vento durante la notte.

Най-поразителната му способност беше да предсказва промените във вятъра през нощта.

Anche quando l'aria era immobile, sceglieva luoghi riparati dal vento.

Дори когато въздухът беше неподвижен, той избираше места, защитени от вятъра.

Ovunque scavasse il nido, il vento del giorno dopo lo superava.

Където и да изкопаеше гнездото си, вятърът на следващия ден го подминаваше.

Alla fine si ritrovava sempre al sicuro e protetto, al riparo dal vento.

Той винаги се озоваваше уютно и защитено, подветрено от вятъра.

Buck non solo imparò dall'esperienza: anche il suo istinto tornò.

Бък не само се учеше от опита — инстинктите му също се завърнаха.

Le abitudini delle generazioni addomesticate cominciarono a scomparire.
Навиците на опитомените поколения започнаха да изчезват.
Ricordava vagamente i tempi antichi della sua razza.
По смътни начини той си спомняше древните времена на своята раса.
Ripensò a quando i cani selvatici correvano in branco nelle foreste.
Той си спомни за времето, когато дивите кучета тичаха на глутници през горите.
Avevano inseguito e ucciso la loro preda mentre la inseguivano.
Те бяха преследвали и убивали плячката си, докато я преследваха.
Per Buck fu facile imparare a combattere con forza e velocità.
За Бък беше лесно да се научи как да се бие със зъби и скорост.
Come i suoi antenati, usava tagli, squarci e schiocchi rapidi.
Той използваше порязвания, разрези и бързи щраквания точно както неговите предци.
Quegli antenati si risvegliarono in lui e risvegliarono la sua natura selvaggia.
Тези предци се раздвижиха в него и събудиха дивата му природа.
Le loro vecchie abilità gli erano state trasmesse attraverso la linea di sangue.
Старите им умения му бяха предадени по кръвна линия.
Ora i loro trucchi erano suoi, senza bisogno di pratica o sforzo.
Триковете им вече бяха негови, без нужда от практика или усилия.

Nelle notti fredde e tranquille, Buck sollevava il naso e ululò.
В тихите, студени нощи Бък вдигаше нос и виеше.

Ululò a lungo e profondamente, come facevano i lupi tanto tempo fa.
Той виеше дълго и дълбоко, както вълците бяха правили преди много време.
Attraverso di lui, i suoi antenati defunti puntarono il naso e ulularono.
Чрез него мъртвите му предци сочеха носове и виеха.
Hanno ululato attraverso i secoli con la sua voce e la sua forma.
Те виеха през вековете с неговия глас и форма.
Le sue cadenze erano le loro, vecchi gridi che parlavano di dolore e di freddo.
Неговите ритми бяха техни, стари викове, които разказваха за скръб и студ.
Cantavano dell'oscurità, della fame e del significato dell'inverno.
Те пяха за тъмнината, за глада и за значението на зимата.
Buck ha dimostrato come la vita sia plasmata da forze che vanno oltre noi stessi,
Бък доказа как животът се оформя от сили извън самия него.
l'antico canto risuonò nelle vene di Buck e si impadronì della sua anima.
Древната песен се изпълни с Бък и завладя душата му.
Ritrovò se stesso perché gli uomini avevano trovato l'oro nel Nord.
Той се откри, защото мъже бяха намерили злато на север.
E lo trovò perché Manuel, l'aiutante giardiniere, aveva bisogno di soldi.
И се озова, защото Мануел, помощникът на градинаря, се нуждаеше от пари.

La Bestia Primordiale Dominante
Доминиращият първичен звяр

La bestia primordiale dominante era più forte che mai in Buck.
Доминиращият първичен звяр беше по-силен от всякога в Бък.
Ma la bestia primordiale dominante era rimasta dormiente in lui.
Но доминиращият първичен звяр беше дремел в него.
La vita sui sentieri era dura, ma rafforzava la bestia che era in Buck.
Животът по пътеките беше суров, но той засилваше зверството в Бък.
Segretamente la bestia diventava sempre più forte ogni giorno.
Тайно звярът ставал все по-силен и по-силен с всеки изминал ден.
Ma quella crescita interiore è rimasta nascosta al mondo esterno.
Но този вътрешен растеж остана скрит за външния свят.
Una forza primordiale calma e silenziosa si stava formando dentro Buck.
В Бък се зараждаше тиха и спокойна първична сила.
Una nuova astuzia diede a Buck equilibrio, calma e compostezza.
Новата хитрост даваше на Бък баланс, спокоен контрол и овладяване.
Buck si concentrò molto sull'adattamento, senza mai sentirsi completamente rilassato.
Бък се съсредоточи усилено върху адаптацията, без никога да се чувства напълно отпуснат.
Evitava i conflitti, non iniziava mai litigi e non cercava mai guai.
Той избягваше конфликти, никога не започваше кавги, нито търсеше проблеми.

Ogni mossa di Buck era scandita da una riflessione lenta e costante.
Бавна, постоянна замисленост оформяше всяко движение на Бък.
Evitava scelte avventate e decisioni improvvise e sconsiderate.
Той избягваше прибързаните избори и внезапните, безразсъдни решения.
Sebbene Buck odiasse profondamente Spitz, non gli mostrò alcuna aggressività.
Въпреки че Бък дълбоко мразеше Шпиц, той не показваше агресия към него.
Buck non provocò mai Spitz e mantenne le sue azioni moderate.
Бък никога не провокираше Шпиц и държеше действията си сдържани.
Spitz, d'altro canto, percepì il pericolo crescente in Buck.
Шпиц, от друга страна, усещаше нарастващата опасност у Бък.
Vedeva Buck come una minaccia e una seria sfida al suo potere.
Той виждаше Бък като заплаха и сериозно предизвикателство за властта си.
Coglieva ogni occasione per ringhiare e mostrare i suoi denti aguzzi.
Той използваше всяка възможност да изръмжи и да покаже острите си зъби.
Stava cercando di dare inizio allo scontro mortale che sarebbe dovuto avvenire.
Той се опитваше да започне смъртоносната битка, която трябваше да предстои.
All'inizio del viaggio, tra loro scoppiò quasi una lite.
В началото на пътуването между тях почти избухна бой.
Ma un incidente inaspettato impedì che il combattimento avesse luogo.
Но неочакван инцидент предотврати битката.
Quella sera si accamparono sul gelido lago Le Barge.

Същата вечер те разпънаха лагера си на леденостуденото езеро Льо Барж.
La neve cadeva fitta e il vento era tagliente come una lama.
Снегът валеше силно, а вятърът режеше като нож.
La notte era scesa troppo in fretta e l'oscurità li aveva avvolti.
Нощта беше настъпила твърде бързо и мракът ги обгръщаше.
Difficilmente avrebbero potuto scegliere un posto peggiore per riposare.
Едва ли биха могли да изберат по-лошо място за почивка.
I cani cercavano disperatamente un posto dove sdraiarsi.
Кучетата отчаяно търсеха място, където да легнат.
Dietro il piccolo gruppo si ergeva un'alta parete rocciosa.
Висока скална стена се издигаше стръмно зад малката група.
Per alleggerire il carico, la tenda era stata lasciata a Dyea.
Палатката беше оставена в Дайя, за да облекчи товара.
Non avevano altra scelta che accendere il fuoco direttamente sul ghiaccio.
Те нямаха друг избор, освен да запалят огъня на самия лед.
Stendevano i loro accappatoi direttamente sul lago ghiacciato.
Те разпростряха спалните си дрехи директно върху замръзналото езеро.
Qualche pezzo di legno galleggiante dava loro un po' di fuoco.
Няколко пръчки плавей им дадоха малко огън.
Ma il fuoco è stato acceso sul ghiaccio e attraverso di esso si è scongelato.
Но огънят беше запален върху леда и се разтопи през него.
Alla fine cenarono al buio.
Накрая вечеряха в тъмното.
Buck si rannicchiò accanto alla roccia, al riparo dal vento freddo.
Бък се сви до скалата, защитен от студения вятър.
Il posto era così caldo e sicuro che Buck non voleva andarsene.

Мястото беше толкова топло и безопасно, че Бък мразеше да се отдалечава.
Ma François aveva scaldato il pesce e stava distribuendo le razioni.
Но Франсоа беше затоплил рибата и раздаваше дажби.
Buck finì di mangiare in fretta e tornò a letto.
Бък бързо дояде и се върна в леглото си.
Ma Spitz ora giaceva dove Buck aveva preparato il suo letto.
Но Шпиц сега лежеше там, където Бък беше оправил леглото му.
Un ringhio basso avvertì Buck che Spitz si rifiutava di muoversi.
Тихо ръмжене предупреди Бък, че Шпиц отказва да помръдне.
Finora Buck aveva evitato lo scontro con Spitz.
Досега Бък избягваше тази битка със Шпиц.
Ma nel profondo di Buck la bestia alla fine si liberò.
Но дълбоко в Бък звярът най-накрая се освободи.
Il furto del suo posto letto era troppo da tollerare.
Кражбата на спалното му място беше твърде тежка за толериране.
Buck si lanciò contro Spitz, pieno di rabbia e furore.
Бък се нахвърли върху Шпиц, изпълнен с гняв и ярост.
Fino a quel momento Spitz aveva pensato che Buck fosse solo un grosso cane.
Доскоро Шпиц си мислеше, че Бък е просто голямо куче.
Non pensava che Buck fosse sopravvissuto grazie al suo spirito.
Той не вярваше, че Бък е оцелял благодарение на духа си.
Si aspettava paura e codardia, non furia e vendetta.
Той очакваше страх и малодушие, а не ярост и отмъщение.
François rimase a guardare mentre entrambi i cani schizzavano fuori dal nido in rovina.
Франсоа се взираше как и двете кучета изскочиха от разрушеното гнездо.
Capì subito cosa aveva scatenato quella violenta lotta.

Той веднага разбра какво е започнало дивата борба.
"Aa-ah!" gridò François in sostegno del cane marrone.
„А-а!" – извика Франсоа в подкрепа на кафявото куче.
"Dategli una bella lezione! Per Dio, punite quel ladro furbo!"
„Набий го! За Бога, накажи този хитър крадец!"
Spitz dimostrò altrettanta prontezza e fervore nel combattere.
Шпиц показа еднаква готовност и диво желание за бой.
Gridò di rabbia mentre girava velocemente in tondo, cercando un varco.
Той извика от ярост, докато бързо кръжеше в търсене на пролука.
Buck mostrò la stessa fame di combattere e la stessa cautela.
Бък показа същия глад за борба и същата предпазливост.
Anche lui girò intorno al suo avversario, cercando di avere la meglio nella battaglia.
Той също обиколи противника си, опитвайки се да вземе надмощие в битката.
Poi accadde qualcosa di inaspettato e cambiò tutto.
Тогава се случи нещо неочаквано и промени всичко.
Quel momento ritardò l'eventuale lotta per la leadership.
Този момент забави евентуалната борба за лидерство.
Ci sarebbero ancora molti chilometri di sentiero e di lotta da percorrere prima della fine.
Много километри пътеки и борба все още чакаха преди края.
Perrault urlò un'imprecazione mentre una mazza colpiva l'osso.
Перо изруга, когато тояга се стовари върху кост.
Seguì un acuto grido di dolore, poi il caos esplose tutt'intorno.
Последва остър вик на болка, след което хаос избухна навсякъде.
Forme scure si muovevano nell'accampamento: husky selvatici, affamati e feroci.
Тъмни силуети се движеха в лагера; диви хъскита, изгладнели и свирепи.

Quattro o cinque dozzine di husky avevano fiutato
l'accampamento da molto lontano.
Четири или пет дузини хъскита бяха подушили лагера
отдалеч.
Si erano introdotti furtivamente mentre i due cani litigavano
lì vicino.
Те се бяха промъкнали тихо, докато двете кучета се биеха
наблизо.
François e Perrault si lanciarono all'attacco, colpendo con i
manganelli gli invasori.
Франсоа и Перо се нахвърлиха в атака, размахвайки тояги
срещу нашествениците.
Gli husky affamati mostrarono i denti e si dibatterono
freneticamente.
Изгладнелите хъскита показаха зъби и се съпротивляваха
яростно.
L'odore della carne e del pane li aveva fatti superare ogni
paura.
Миризмата на месо и хляб ги беше прогонила отвъд
всякакъв страх.
Perrault picchiò un cane che aveva nascosto la testa nella
buca delle vivande.
Перо бие куче, което си беше заровило главата в кутията с
храна.
Il colpo fu violento e la scatola si ribaltò, facendo fuoriuscire
il cibo.
Ударът беше силен, кутията се преобърна и храната се
разсипа навън.
Nel giro di pochi secondi, una ventina di bestie feroci si
avventarono sul pane e sulla carne.
За секунди десетки диви зверове разкъсаха хляба и месото.
I bastoni degli uomini sferrarono un colpo dopo l'altro, ma
nessun cane si allontanò.
Мъжките стика нанасяха удар след удар, но нито едно куче
не се обърна.
Urlavano di dolore, ma continuarono a lottare finché non
rimase più cibo.

Те виеха от болка, но се бореха, докато не им остана никаква храна.

Nel frattempo i cani da slitta erano saltati giù dalle loro culle innevate.

Междувременно кучетата за впряг бяха скочили от снежните си легла.

Furono immediatamente attaccati dai feroci e affamati husky.

Те бяха незабавно нападнати от свирепите гладни хъскита.

Buck non aveva mai visto prima creature così selvagge e affamate.

Бък никога преди не беше виждал толкова диви и гладни същества.

La loro pelle pendeva flaccida, nascondendo a malapena lo scheletro.

Кожата им висеше отпусната, едва скривайки скелетите им.

C'era un fuoco nei loro occhi, per fame e follia

В очите им имаше огън, от глад и лудост

Non c'era modo di fermarli, di resistere al loro assalto selvaggio.

Нямаше как да ги спрат; нямаше как да се устои на дивашкия им натиск.

I cani da slitta vennero spinti indietro e premuti contro la parete della scogliera.

Впрягащите кучета бяха избутани назад, притиснати към стената на скалата.

Tre husky attaccarono Buck contemporaneamente, lacerandogli la carne.

Три хъскита нападнаха Бък едновременно, разкъсвайки плътта му.

Il sangue gli colava dalla testa e dalle spalle, dove era stato tagliato.

Кръв се лееше от главата и раменете му, където беше порязан.

Il rumore riempì l'accampamento: ringhi, guaiti e grida di dolore.

Шумът изпълни лагера; ръмжене, писъци и викове на болка.
Billee pianse forte, come al solito, presa dal panico e dalla mischia.
Били, както обикновено, извика силно, обзета от суматохата и паниката.
Dave e Solleks rimasero fianco a fianco, sanguinanti ma con aria di sfida.
Дейв и Солекс стояха един до друг, кървящи, но непокорни.
Joe lottava come un demonio, mordendo tutto ciò che gli si avvicinava.
Джо се бореше като демон, хапейки всичко, което се доближеше до него.
Con un violento schiocco di mascelle schiacciò la zampa di un husky.
Той смачка крака на хъски с едно брутално щракване на челюстите си.
Pike saltò sull'husky ferito e gli ruppe il collo all'istante.
Щука скочи върху раненото хъски и мигновено му счупи врата.
Buck afferrò un husky per la gola e gli strappò la vena.
Бък хвана едно хъски за гърлото и разкъса вената му.
Il sangue schizzò e il sapore caldo mandò Buck in delirio.
Кръв пръсна, а топлият вкус докара Бък до лудост.
Si lanciò contro un altro aggressore senza esitazione.
Той се хвърли върху друг нападател без колебание.
Nello stesso momento, denti aguzzi si conficcarono nella gola di Buck.
В същия момент остри зъби се забиха в гърлото на Бък.
Spitz aveva colpito di lato, attaccando senza preavviso.
Шпиц беше ударил отстрани, атакувайки без предупреждение.
Perrault e François avevano sconfitto i cani rubando il cibo.
Перо и Франсоа бяха победили кучетата, които крадяха храната.

Ora si precipitarono ad aiutare i loro cani a respingere gli aggressori.
Сега те се втурнаха да помогнат на кучетата си да се преборят с нападателите.
I cani affamati si ritirarono mentre gli uomini roteavano i loro manganelli.
Гладните кучета се отдръпнаха, докато мъжете размахваха тоягите си.
Buck riuscì a liberarsi dall'attacco, ma la fuga fu breve.
Бък се измъкна от атаката, но бягството беше кратко.
Gli uomini corsero a salvare i loro cani e gli husky tornarono ad attaccarli.
Мъжете хукнаха да спасяват кучетата си, а хъскитата отново се нахвърлиха върху тях.
Billee, spaventato e coraggioso, si lanciò nel branco di cani.
Били, уплашен до храброст, скочи в глутницата кучета.
Ma poi fuggì attraverso il ghiaccio, in preda al terrore e al panico.
Но след това той избяга през леда, обзет от неподправен ужас и паника.
Pike e Dub li seguirono da vicino, correndo per salvarsi la vita.
Пайк и Дъб ги следваха плътно, бягайки, за да се спасят живота им.
Il resto della squadra si disperse e li inseguì.
Останалата част от екипа се разпръсна и ги последва.
Buck raccolse le forze per correre, ma poi vide un lampo.
Бък събра сили да бяга, но тогава видя проблясък.
Spitz si lanciò verso Buck, cercando di buttarlo a terra.
Шпиц се хвърли към Бък, опитвайки се да го събори на земята.
Sotto quella banda di husky, Buck non avrebbe avuto scampo.
Под тази тълпа хъскита Бък нямаше да има спасение.
Ma Buck rimase fermo e si preparò al colpo di Spitz.
Но Бък стоеше твърдо и се приготви за удара от Шпиц.
Poi si voltò e corse sul ghiaccio con la squadra in fuga.

След това се обърна и изтича на леда с бягащия отбор.

Più tardi i nove cani da slitta si radunarono al riparo del bosco.
По-късно деветте кучета за впряг се събраха в убежището на гората.
Nessuno li inseguiva più, ma erano malconci e feriti.
Никой вече не ги гонеше, но те бяха пребити и ранени.
Ogni cane presentava delle ferite: quattro o cinque tagli profondi su ogni corpo.
Всяко куче имаше рани; четири или пет дълбоки порязвания по тялото на всяко.
Dub aveva una zampa posteriore ferita e ora faceva fatica a camminare.
Дъб имаше контузен заден крак и сега се мъчеше да ходи.
Dolly, l'ultimo cane arrivato da Dyea, aveva la gola tagliata.
Доли, най-новото куче от Дайя, имаше прерязано гърло.
Joe aveva perso un occhio e l'orecchio di Billee era stato tagliato a pezzi
Джо беше загубил око, а ухото на Били беше отрязано на парчета
Tutti i cani piansero per il dolore e la sconfitta durante la notte.
Всички кучета плачеха от болка и поражение през нощта.
All'alba tornarono lentamente all'accampamento, doloranti e distrutti.
На разсъмване те се промъкнаха обратно в лагера, измъчени и съкрушени.
Gli husky erano scomparsi, ma il danno era fatto.
Хъскитата бяха изчезнали, но щетите бяха нанесени.
Perrault e François erano di pessimo umore e osservavano le rovine.
Перо и Франсоа стояха разстроени над руините.
Metà del cibo era sparito, rubato dai ladri affamati.
Половината храна беше изчезнала, открадната от гладните крадци.
Gli husky avevano strappato le corde e la tela della slitta.

Хъскитата бяха разкъсали въжетата и платното на шейната.
Tutto ciò che aveva odore di cibo era stato divorato completamente.
Всичко, което миришеше на храна, беше погълнато напълно.
Mangiarono un paio di stivali da viaggio in pelle di alce di Perrault.
Те изядоха чифт пътнически ботуши от лосова кожа на Перо.
Hanno masticato le pelli e rovinato i cinturini rendendoli inutilizzabili.
Те дъвчаха кожени рейси и съсипваха каишките до степен да не се използват.
François smise di fissare la frusta strappata per controllare i cani.
Франсоа спря да се взира в скъсания камшик, за да огледа кучетата.
«Ah, amici miei», disse con voce bassa e preoccupata.
— Ах, приятели мои — каза той с тих и изпълнен с тревога глас.
"Forse tutti questi morsi vi trasformeranno in bestie pazze."
„Може би всички тези ухапвания ще ви превърнат в луди зверове."
"Forse tutti cani rabbiosi, sacredam! Che ne pensi, Perrault?"
„Може би всички бесни кучета, свещени дяволи! Какво мислиш, Перо?"
Perrault scosse la testa, con gli occhi scuri per la preoccupazione e la paura.
Перо поклати глава, очите му потъмняха от тревога и страх.
C'erano ancora quattrocento miglia tra loro e Dawson.
Четиристотин мили все още ги разделяха от Доусън.
La follia dei cani potrebbe ormai distruggere ogni possibilità di sopravvivenza.
Кучешката лудост сега може да унищожи всеки шанс за оцеляване.

Hanno passato due ore a imprecare e a cercare di riparare l'attrezzatura.
Те прекараха два часа в ругатни и опити да поправят екипировката.
La squadra ferita alla fine lasciò l'accampamento, distrutta e sconfitta.
Раненият екип най-накрая напусна лагера, съкрушен и победен.
Questo è stato il sentiero più duro finora e ogni passo è stato doloroso.
Това беше най-трудният път досега и всяка стъпка беше болезнена.
Il fiume Thirty Mile non era ghiacciato e scorreva impetuoso.
Река Тридесет миля не беше замръзнала и течеше диво.
Soltanto nei punti calmi e nei vortici il ghiaccio riusciva a resistere.
Само в спокойни места и вихрушки ледът успяваше да се задържи.
Trascorsero sei giorni di duro lavoro per percorrere le trenta miglia.
Шест дни тежък труд минаха, докато изминат тридесетте мили.
Ogni miglio del sentiero porta con sé pericoli e minacce di morte.
Всяка миля от пътеката носеше опасност и заплаха от смърт.
Uomini e cani rischiavano la vita a ogni passo doloroso.
Мъжете и кучетата рискуваха живота си с всяка болезнена стъпка.
Perrault riuscì a superare i sottili ponti di ghiaccio una dozzina di volte.
Перо е пробивал тънки ледени мостове десетина пъти.
Prese un palo e lo lasciò cadere nel buco creato dal suo corpo.
Той носеше прът и го пусна да падне върху дупката, която тялото му направи.

Quel palo salvò Perrault più di una volta dall'annegamento.
Неведнъж този прът е спасявал Перо от удавяне.
L'ondata di freddo persisteva, la temperatura era di cinquanta gradi sotto zero.
Студеният пристъп се задържа силно, въздухът беше петдесет градуса под нулата.
Ogni volta che cadeva, Perrault era costretto ad accendere un fuoco per sopravvivere.
Всеки път, когато падаше, Перо трябваше да пали огън, за да оцелее.
Gli abiti bagnati si congelavano rapidamente, perciò li faceva asciugare vicino al calore cocente.
Мокрите дрехи замръзваха бързо, затова ги сушеше близо до палеща жега.
Perrault non provava mai paura, e questo faceva di lui un corriere.
Никакав страх никога не е докосвал Перо и това го е правело куриер.
Fu scelto per affrontare il pericolo e lo affrontò con silenziosa determinazione.
Той беше избран за опасност и я посрещна с тиха решителност.
Si spinse in avanti controvento, con il viso raggrinzito e congelato.
Той се напъна напред срещу вятъра, сбръчканото му лице беше измръзнало.
Perrault li guidò in avanti dall'alba al tramonto.
От слабия зори до падането на здрача Перо ги водеше напред.
Camminava sul ghiaccio sottile che scricchiolava a ogni passo.
Той вървеше по тесен леден ръб, който се пукаше с всяка стъпка.
Non osavano fermarsi: ogni pausa rischiava di provocare un crollo mortale.
Те не смееха да спрат — всяка пауза рискуваше смъртоносен колапс.

Una volta la slitta si ruppe, trascinando dentro Dave e Buck.
Веднъж шейната се счупи, издърпвайки Дейв и Бък навътре.
Quando furono liberati, entrambi erano quasi congelati.
Когато ги измъкнаха, и двамата бяха почти замръзнали.
Gli uomini accesero rapidamente un fuoco per salvare Buck e Dave.
Мъжете бързо запалиха огън, за да запазят Бък и Дейв живи.
I cani erano ricoperti di ghiaccio dal naso alla coda, rigidi come legno intagliato.
Кучетата бяха покрити с лед от носа до опашката, твърди като резбовано дърво.
Gli uomini li fecero correre in cerchio vicino al fuoco per scongelarne i corpi.
Мъжете ги пускаха в кръг близо до огъня, за да размразят телата им.
Si avvicinarono così tanto alle fiamme che la loro pelliccia rimase bruciacchiata.
Те се приближиха толкова близо до пламъците, че козината им беше опърлена.
Spitz ruppe poi il ghiaccio, trascinando dietro di sé la squadra.
Шпиц проби леда, повличайки впряга след себе си.
La frenata arrivava fino al punto in cui Buck stava tirando.
Счупването стигаше чак до мястото, където Бък дърпаше.
Buck si appoggiò bruscamente allo schienale, con le zampe che scivolavano e tremavano sul bordo.
Бък се облегна рязко назад, лапите му се хлъзгаха и трепереха по ръба.
Anche Dave si sforzò all'indietro, proprio dietro Buck sulla linea.
Дейв също се напрегна назад, точно зад Бък на въжето.
François tirava la slitta e i suoi muscoli scricchiolavano per lo sforzo.
Франсоа теглеше шейната, мускулите му пукаха от усилие.

Un'altra volta, il ghiaccio del bordo si è crepato davanti e dietro la slitta.
Друг път, ледът по ръба се напука пред и зад шейната.
Non avevano altra via d'uscita se non quella di arrampicarsi su una parete ghiacciata.
Нямаха друг изход, освен да се изкачат по замръзнала скална стена.
In qualche modo Perrault riuscì a scalare il muro: un miracolo lo tenne in vita.
Перо някак си се изкачи по стената; чудо го опази жив.
François rimase sottocoperta, pregando che gli capitasse la stessa fortuna.
Франсоа остана долу и се молеше за същия късмет.
Legarono ogni cinghia, legatura e tirante in un'unica lunga corda.
Те завързаха всяка каишка, връзване и конец в едно дълго въже.
Gli uomini trascinarono i cani uno alla volta fino in cima.
Мъжете издърпаха всяко куче нагоре, едно по едно, до върха.
François salì per ultimo, dopo la slitta e tutto il carico.
Франсоа се качи последен, след шейната и целия товар.
Poi iniziò una lunga ricerca di un sentiero che scendesse dalle scogliere.
След това започна дълго търсене на пътека надолу от скалите.
Alla fine scesero utilizzando la stessa corda che avevano costruito.
Накрая те слязоха, използвайки същото въже, което бяха направили.
Scese la notte mentre tornavano al letto del fiume, esausti e doloranti.
Нощта падна, когато се върнаха към речното корито, изтощени и болни.
Avevano impiegato un giorno intero per percorrere solo un quarto di miglio.
Целият ден им беше донесъл само четвърт миля напред.

Quando giunsero all'Hootalinqua, Buck era sfinito.
Когато стигнаха до Хуталинкуа, Бък беше изтощен.
Anche gli altri cani soffrivano le stesse condizioni del sentiero.
Другите кучета пострадаха също толкова зле от условията на пътеката.
Ma Perrault aveva bisogno di recuperare tempo e li spingeva avanti giorno dopo giorno.
Но Перо се нуждаеше от възстановяване на времето и ги притискаше всеки ден.
Il primo giorno percorsero trenta miglia fino a Big Salmon.
Първия ден пътуваха тридесет мили до Биг Салмон.
Il giorno dopo percorsero trentacinque miglia fino a Little Salmon.
На следващия ден те пътуваха тридесет и пет мили до Литъл Салмон.
Il terzo giorno percorsero quaranta miglia ghiacciate.
На третия ден те изминаха четиридесет дълги замръзнали мили.
A quel punto si stavano avvicinando all'insediamento di Five Fingers.
По това време те вече наближаваха селището Петте пръста.

I piedi di Buck erano più morbidi di quelli duri degli husky autoctoni.
Краката на Бък бяха по-меки от твърдите крака на местните хъскита.
Le sue zampe erano diventate tenere nel corso di molte generazioni civilizzate.
Лапите му бяха станали крехки през многото цивилизовани поколения.
Molto tempo fa, i suoi antenati erano stati addomesticati dagli uomini del fiume o dai cacciatori.
Преди много време неговите предци бяха опитомени от речни хора или ловци.

Ogni giorno Buck zoppicava per il dolore, camminando con le zampe screpolate e doloranti.
Всеки ден Бък куцаше от болка, ходейки по разранени, болезнени лапи.
Giunto all'accampamento, Buck cadde come un corpo senza vita sulla neve.
В лагера Бък се стропoли като безжизнено тяло върху снега.
Sebbene fosse affamato, Buck non si alzò per consumare il pasto serale.
Въпреки че гладуваше, Бък не стана да вечеря.
François portò la sua razione a Buck, mettendogli del pesce vicino al muso.
Франсоа донесе дажбата му на Бък, като сложи риба до муцуната му.
Ogni notte l'autista massaggiava i piedi di Buck per mezz'ora.
Всяка вечер шофьорът разтривал краката на Бък по половин час.
François arrivò persino a tagliare i suoi mocassini per farne delle calzature per cani.
Франсоа дори нарязал собствените си мокасини, за да си направи обувки за кучета.
Quattro scarpe calde diedero a Buck un grande e gradito sollievo.
Четири топли обувки донесоха на Бък голямо и желано облекчение.
Una mattina François dimenticò le scarpe e Buck si rifiutò di alzarsi.
Една сутрин Франсоа забрави обувките, а Бък отказа да стане.
Buck giaceva sulla schiena, con i piedi in aria, e li agitava in modo pietoso.
Бък лежеше по гръб с крака във въздуха и размахваше жално ги.
Persino Perrault sorrise alla vista dell'appello drammatico di Buck.

Дори Перо се ухили при вида на драматичната молба на Бък.

Ben presto i piedi di Buck diventarono duri e le scarpe poterono essere tolte.

Скоро краката на Бък се втвърдиха и обувките можеха да бъдат изхвърлени.

A Pelly, durante il periodo in cui veniva imbrigliata, Dolly emise un ululato terribile.

В Пели, по време на впрягането, Доли издаде ужасен вой.

Il grido era lungo e pieno di follia, e fece tremare tutti i cani.

Викът беше дълъг и изпълнен с лудост, разтърсвайки всяко куче.

Ogni cane si rizzava per la paura, senza capirne il motivo.

Всяко куче настръхна от страх, без да знае причината.

Dolly era impazzita e si era scagliata contro Buck.

Доли беше полудяла и се хвърли право върху Бък.

Buck non aveva mai visto la follia, ma l'orrore gli riempì il cuore.

Бък никога не беше виждал лудост, но ужас изпълваше сърцето му.

Senza pensarci due volte, si voltò e fuggì in preda al panico più assoluto.

Без да се замисля, той се обърна и избяга в абсолютна паника.

Dolly lo inseguì, con gli occhi selvaggi e la saliva che le colava dalle fauci.

Доли го гони, с обезумял поглед, слюнка хвърчаща от челюстите й.

Si tenne sempre dietro a Buck, senza mai guadagnare terreno e senza mai indietreggiare.

Тя се държеше точно зад Бък, без да го настига, нито пък отстъпваше назад.

Buck corse attraverso i boschi, giù per l'isola, sul ghiaccio frastagliato.

Бък тичаше през гората, надолу по острова, през назъбения лед.

Attraversò un'isola, poi un'altra, per poi tornare indietro verso il fiume.
Той прекоси до един остров, после до друг, заобикаляйки обратно към реката.
Dolly continuava a inseguirlo, ringhiando sempre più forte a ogni passo.
Доли все още го гонеше, ръмжейки след него на всяка крачка.
Buck poteva sentire il suo respiro e la sua rabbia, anche se non osava voltarsi indietro.
Бък чуваше дъха и яростта й, макар че не смееше да погледне назад.
François gridò da lontano e Buck si voltò verso la voce.
Франсоа извика отдалеч и Бък се обърна по посока на гласа.
Ancora senza fiato, Buck corse oltre, riponendo ogni speranza in François.
Все още задъхан, Бък протича покрай тях, възлагайки всички надежди на Франсоа.
Il conducente del cane sollevò un'ascia e aspettò che Buck gli passasse accanto.
Водачът на кучето вдигна брадва и изчака, докато Бък прелетя покрай него.
L'ascia calò rapidamente e colpì la testa di Dolly con forza mortale.
Брадвата се стовари бързо и удари главата на Доли със смъртоносна сила.
Buck crollò vicino alla slitta, ansimando e incapace di muoversi.
Бък се свлече близо до шейната, хриптейки и неспособен да се помръдне.
Quel momento diede a Spitz la possibilità di colpire un nemico esausto.
Този момент даде на Шпиц шанс да удари изтощен враг.
Morse Buck due volte, strappandogli la carne fino all'osso bianco.
Два пъти ухапа Бък, разкъсвайки плътта му до бялата кост.

La frusta di François schioccò, colpendo Spitz con tutta la sua forza, con furia.
Камшикът на Франсоа изпука и удари Шпиц с пълна, яростна сила.

Buck guardò con gioia Spitz mentre riceveva il pestaggio più duro fino a quel momento.
Бък наблюдаваше с радост как Шпиц получаваше най-жестокия си побой досега.

«È un diavolo, quello Spitz», borbottò Perrault tra sé e sé.
„Той е дявол, този Шпиц", промърмори мрачно Перо на себе си.

"Un giorno o l'altro, quel cane maledetto ucciderà Buck, lo giuro."
„Някой ден скоро това проклето куче ще убие Бък — кълна се."

«Quel Buck ha due diavoli dentro di sé», rispose François annuendo.
— Този Бък има два дявола в себе си — отвърна Франсоа с кимване.

"Quando osservo Buck, so che dentro di lui si cela qualcosa di feroce."
„Когато гледам Бък, знам, че в него чака нещо яростно."

"Un giorno, si infurierà come il fuoco e farà a pezzi Spitz."
„Един ден ще се разяри като огън и ще разкъса Шпиц на парчета."

"Mastichera quel cane e lo sputerà sulla neve ghiacciata."
„Ще сдъвче това куче и ще го изплюе върху замръзналия сняг."

"Certo, lo so fin nel profondo."
„Разбира се, знам го дълбоко в себе си."

Da quel momento in poi, i due cani furono in guerra tra loro.
От този момент нататък двете кучета бяха вперени във война.

Spitz guidava la squadra e deteneva il potere, ma Buck lo sfidava.
Шпиц водеше отбора и държеше властта, но Бък оспори това.

Spitz si rese conto che il suo rango era minacciato da questo strano straniero del Sud.
Шпиц видя как този странен непознат от Юга е заплашен за ранга му.
Buck era diverso da tutti i cani del sud che Spitz aveva conosciuto fino ad allora.
Бък не приличаше на никое южняшко куче, което Шпиц беше познавал преди.
La maggior parte di loro fallì: troppo deboli per sopravvivere al freddo e alla fame.
Повечето от тях се провалиха – твърде слаби, за да преживеят студ и глад.
Morirono rapidamente a causa del lavoro, del gelo e del lento bruciare della carestia.
Те умираха бързо под труда, студа и бавното изгаряне на глада.
Buck si distingueva: ogni giorno più forte, più intelligente e più selvaggio.
Бък се открояваше — по-силен, по-умен и по-свиреп с всеки изминал ден.
Ha prosperato nonostante le difficoltà, crescendo al pari degli husky del nord.
Той процъфтяваше в трудностите, израствайки, за да може да се сравни със северните хъскита.
Buck era dotato di forza, abilità straordinaria e un istinto paziente e letale.
Бък притежаваше сила, диво умение и търпелив, смъртоносен инстинкт.
L'uomo con la mazza aveva annientato Buck per fargli perdere la temerarietà.
Мъжът с тоягата беше пребил Бък от прибързаност.
La furia cieca se n'era andata, sostituita da un'astuzia silenziosa e dal controllo.
Сляпата ярост беше изчезнала, заменена от тиха хитрост и контрол.
Attese, calmo e primordiale, in attesa del momento giusto.

Той чакаше, спокоен и първичен, търсейки подходящия момент.
La loro lotta per il comando divenne inevitabile e chiara.
Борбата им за командване стана неизбежна и ясна.
Buck desiderava la leadership perché il suo spirito la richiedeva.
Бък желаеше лидерство, защото духът му го изискваше.
Era spinto da quello strano orgoglio che nasceva dal sentiero e dall'imbracatura.
Той беше воден от странната гордост, родена от пътеката и сбруята.
Quell'orgoglio faceva sì che i cani tirassero fino a crollare sulla neve.
Тази гордост караше кучетата да дърпат, докато не се срутят в снега.
L'orgoglio li spinse a dare tutta la forza che avevano.
Гордостта ги примамваше да дадат цялата си сила.
L'orgoglio può trascinare un cane da slitta fino al punto di ucciderlo.
Гордостта може да примами куче за впряг дори до смърт.
Perdere l'imbracatura rendeva i cani deboli e senza scopo.
Загубата на хамута оставяше кучетата съсипани и безцелни.
Il cuore di un cane da slitta può essere spezzato dalla vergogna quando va in pensione.
Сърцето на куче за впряг може да бъде смазано от срам, когато се пенсионира.
Dave viveva con questo orgoglio mentre trascinava la slitta da dietro.
Дейв живееше с тази гордост, докато влачеше шейната отзад.
Anche Solleks diede il massimo con cupa forza e lealtà.
Солекс също се отдаде напълно с мрачна сила и лоялност.
Ogni mattina l'orgoglio li trasformava da amareggiati a determinati.
Всяка сутрин гордостта ги превръщаше от огорчени в решителни.

Spinsero per tutto il giorno, poi tacquero una volta giunti alla fine dell'accampamento.
Те настояваха цял ден, след което замълчаха в края на лагера.
Quell'orgoglio diede a Spitz la forza di mettere in riga i fannulloni.
Тази гордост даде на Шпиц силата да подреди избягалите.
Spitz temeva Buck perché Buck nutriva lo stesso profondo orgoglio.
Шпиц се страхуваше от Бък, защото Бък носеше същата дълбока гордост.
L'orgoglio di Buck ora si agitò contro Spitz, ma lui non si fermò.
Гордостта на Бък сега се надигна срещу Шпиц и той не спря.
Buck sfidò il potere di Spitz e gli impedì di punire i cani.
Бък се противопостави на силата на Шпиц и му попречи да наказва кучета.
Quando gli altri fallivano, Buck si frapponeva tra loro e il loro capo.
Когато другите се проваляха, Бък заставаше между тях и техния лидер.
Lo fece con intenzione, rendendo la sua sfida aperta e chiara.
Той направи това с намерение, отправяйки предизвикателството си открито и ясно.
Una notte una forte nevicata coprì il mondo in un profondo silenzio.
Една нощ обилен сняг покри света с дълбока тишина.
La mattina dopo, Pike, pigro come sempre, non si alzò per andare al lavoro.
На следващата сутрин Пайк, мързелив както винаги, не стана за работа.
Rimase nascosto nel suo nido sotto uno spesso strato di neve.
Той остана скрит в гнездото си под дебел слой сняг.
François gridò e cercò, ma non riuscì a trovare il cane.
Франсоа извика и потърси, но не можа да намери кучето.

Spitz si infuriò e si scagliò contro l'accampamento coperto di neve.
Шпиц се разяри и нахлу в щурм през покрития със сняг лагер.
Ringhiò e annusò, scavando freneticamente con gli occhi fiammeggianti.
Той изръмжа и подсмърча, ровейки бясно с пламтящи очи.
La sua rabbia era così violenta che Pike tremava sotto la neve per la paura.
Яростта му беше толкова свирепа, че Пайк се разтресе под снега от страх.
Quando finalmente Pike fu trovato, Spitz si lanciò per punire il cane nascosto.
Когато Пайк най-накрая беше намерен, Шпиц се нахвърли, за да накаже скрилото се куче.
Ma Buck si scagliò tra loro con una furia pari a quella di Spitz.
Но Бък скочи между тях с ярост, равна на тази на Шпиц.
L'attacco fu così improvviso e astuto che Spitz cadde a terra.
Атаката беше толкова внезапна и хитра, че Шпиц падна на земята.
Pike, che tremava, trasse coraggio da questa sfida.
Пайк, който трепереше, се осмели от това неподчинение.
Seguendo l'audace esempio di Buck, saltò sullo Spitz caduto.
Той скочи върху падналия Шпиц, следвайки смелия пример на Бък.
Buck, non più vincolato dall'equità, si unì allo sciopero di Spitz.
Бък, вече не обвързан от принципите на справедливост, се присъедини към стачката срещу Шпиц.
François, divertito ma fermo nella disciplina, agitò la sua pesante frusta.
Франсоа, развеселен, но твърдо дисциплиниран, замахна с тежкия си камшик.
Colpì Buck con tutta la sua forza per interrompere la rissa.
Той удари Бък с всичка сила, за да прекрати боя.

Buck si rifiutò di muoversi e rimase in groppa al capo caduto.
Бък отказа да се помръдне и остана върху падналия водач.
François allora usò il manico della frusta e colpì Buck con violenza.
След това Франсоа използва дръжката на камшика, удряйки силно Бък.
Barcollando per il colpo, Buck cadde all'indietro sotto l'assalto.
Олюлявайки се от удара, Бък се отдръпна под атаката.
François colpì più volte mentre Spitz puniva Pike.
Франсоа удряше отново и отново, докато Шпиц наказваше Пайк.

Passarono i giorni e Dawson City si avvicinava sempre di più.
Дните минаваха и Доусън Сити ставаше все по-близо и по-близо.
Buck continuava a intromettersi, infilandosi tra Spitz e gli altri cani.
Бък непрекъснато се месеше, промъквайки се между Шпиц и други кучета.
Sceglieva bene i suoi momenti, aspettando sempre che François se ne andasse.
Той избираше добре моментите си, винаги чакайки Франсоа да си тръгне.
La ribellione silenziosa di Buck si diffuse e il disordine prese piede nella squadra.
Тихият бунт на Бък се разпространи и в отбора се настани безредие.
Dave e Solleks rimasero leali, ma altri diventarono indisciplinati.
Дейв и Солекс останаха лоялни, но други станаха непокорни.
La squadra peggiorò: divenne irrequieta, litigiosa e fuori luogo.

Екипът ставаше все по-неспокоен — неспокоен, свадлив и нередовен.

Ormai niente filava liscio e le liti diventavano all'ordine del giorno.

Нищо вече не работеше гладко и кавгите станаха нещо обичайно.

Buck rimase sempre al centro dei guai, provocando disordini.

Бък остана в центъра на неприятностите, винаги провокирайки вълнения.

François rimase vigile, temendo la lotta tra Buck e Spitz.

Франсоа остана нащрек, страхувайки се от боя между Бък и Шпиц.

Ogni notte veniva svegliato da zuffe e temeva che finalmente fosse arrivato l'inizio.

Всяка нощ го събуждаха схватки, страхувайки се, че началото най-накрая е настъпило.

Balzò fuori dalla veste, pronto a interrompere la rissa.

Той скочи от робата си, готов да прекъсне боя.

Ma il momento non arrivò mai e alla fine raggiunsero Dawson.

Но моментът така и не настъпи и най-накрая стигнаха до Доусън.

La squadra entrò in città in un pomeriggio cupo, teso e silenzioso.

Екипът влезе в града един мрачен следобед, напрегнат и тих.

La grande battaglia per la leadership era ancora sospesa nell'aria gelida.

Голямата битка за лидерство все още висеше в замръзналия въздух.

Dawson era piena di uomini e cani da slitta, tutti impegnati nel lavoro.

Доусън беше пълен с мъже и впряжни кучета, всички заети с работа.

Buck osservava i cani trainare i carichi dalla mattina alla sera.

Бък наблюдаваше как кучетата теглят товари от сутрин до вечер.
Trasportavano tronchi e legna da ardere e spedivano rifornimenti alle miniere.
Те превозваха трупи и дърва за огрев, превозваха провизии до мините.
Nel Southland, dove un tempo lavoravano i cavalli, ora lavoravano i cani.
Там, където някога в Южната земя работеха коне, сега се трудеха кучета.
Buck vide alcuni cani provenienti dal Sud, ma la maggior parte erano husky simili a lupi.
Бък видя няколко кучета от юг, но повечето бяха хъскита, подобни на вълци.
Di notte, puntuali come un orologio, i cani alzavano la voce e cantavano.
През нощта, като по часовник, кучетата пееха с повишен глас.
Alle nove, a mezzanotte e di nuovo alle tre, il canto cominciò.
В девет, в полунощ и отново в три часа пеенето започна.
Buck amava unirsi al loro canto inquietante, selvaggio e antico nel suono.
Бък обичаше да се присъединява към зловещото им напев, диво и древно по звук.
L'aurora fiammeggiava, le stelle danzavano e la neve ricopriva la terra.
Аврората пламтеше, звездите танцуваха, а земята беше покрита с сняг.
Il canto dei cani si elevava come un grido contro il silenzio e il freddo pungente.
Песента на кучетата се издигна като вик срещу тишината и лютия студ.
Ma il loro urlo esprimeva tristezza, non sfida, in ogni lunga nota.
Но воят им съдържаше тъга, а не предизвикателство, във всяка дълга нота.

Ogni lamento era pieno di supplica: il peso stesso della vita.
Всеки вой беше изпълнен с молба; бремето на самия живот.

Quella canzone era vecchia, più vecchia delle città e più vecchia degli incendi
Тази песен беше стара — по-стара от градовете и по-стара от пожарите

Quel canto era più antico perfino delle voci degli uomini.
Тази песен беше по-древна дори от човешките гласове.

Era una canzone del mondo dei giovani, quando tutte le canzoni erano tristi.
Това беше песен от младия свят, когато всички песни бяха тъжни.

La canzone porta con sé il dolore di innumerevoli generazioni di cani.
Песента носеше тъга от безброй поколения кучета.

Buck percepì profondamente la melodia, gemendo per un dolore radicato nei secoli.
Бък усети мелодията дълбоко, стенейки от болка, вкоренена във вековете.

Singhiozzava per un dolore antico quanto il sangue selvaggio nelle sue vene.
Той ридаеше от мъка, стара като дивата кръв във вените му.

Il freddo, l'oscurità e il mistero toccarono l'anima di Buck.
Студът, тъмнината и мистерията докоснаха душата на Бък.

Quella canzone dimostrava quanto Buck fosse tornato alle sue origini.
Тази песен доказа колко далеч се е върнал Бък към корените си.

Tra la neve e gli ululati aveva trovato l'inizio della sua vita.
През сняг и вой той беше намерил началото на собствения си живот.

Sette giorni dopo l'arrivo a Dawson, ripartirono.
Седем дни след пристигането си в Доусън, те отново тръгнаха на път.

La squadra si è lanciata dalla caserma fino allo Yukon Trail.
Екипът се спусна от казармата надолу към пътеката Юкон.
Iniziarono il viaggio di ritorno verso Dyea e Salt Water.
Те започнаха пътуването обратно към Дайя и Солт Уотър.
Perrault trasmise dispacci ancora più urgenti di prima.
Перо носеше още по-спешни пратки от преди.
Era anche preso dall'orgoglio per la corsa e puntava a stabilire un record.
Той също беше обзет от гордост по пътеките и се стремеше да постави рекорд.
Questa volta Perrault aveva diversi vantaggi.
Този път няколко предимства бяха на страната на Перо.
I cani avevano riposato per un'intera settimana e avevano ripreso le forze.
Кучетата бяха почивали цяла седмица и бяха възвърнали силите си.
La pista che avevano tracciato era ora battuta da altri.
Пътеката, която бяха проправили, сега беше утъпкана от други.
In alcuni punti la polizia aveva immagazzinato cibo sia per i cani che per gli uomini.
На някои места полицията беше складирала храна както за кучета, така и за мъже.
Perrault viaggiava leggero, si muoveva velocemente e aveva poco a cui aggrapparsi.
Перо пътуваше с лекота, движеше се бързо и почти нищо не го тежеше.
La prima sera raggiunsero la Sixty-Mile, una corsa lunga 50 miglia.
Те стигнаха до „Шестдесет мили", бягане от петдесет мили, още първата нощ.
Il secondo giorno risalirono rapidamente lo Yukon in direzione di Pelly.
На втория ден те се втурнаха нагоре по Юкон към Пели.
Ma questi grandi progressi comportarono anche molta fatica per François.

Но такъв добър напредък дойде с много напрежение за Франсоа.

La ribellione silenziosa di Buck aveva infranto la disciplina della squadra.

Тихият бунт на Бък беше разрушил дисциплината на отбора.

Non si univano più come un'unica bestia al comando.

Те вече не се дърпаха заедно като един звяр, държан на юздите.

Buck aveva spinto altri alla sfida con il suo coraggioso esempio.

Бък беше подтикнал другите към неподчинение чрез смелия си пример.

L'ordine di Spitz non veniva più accolto con timore o rispetto.

Заповедта на Шпиц вече не беше посрещана със страх или уважение.

Gli altri persero ogni timore reverenziale nei suoi confronti e osarono opporsi al suo governo.

Другите загубиха страхопочитанието си към него и се осмелиха да се съпротивляват на управлението му.

Una notte, Pike rubò mezzo pesce e lo mangiò sotto gli occhi di Buck.

Една нощ Пайк откраднал половин риба и я изял под окото на Бък.

Un'altra notte, Dub e Joe combatterono contro Spitz e rimasero impuniti.

Друга вечер Дъб и Джо се сбиха със Шпиц и останаха ненаказани.

Anche Billee gemette meno dolcemente e mostrò una nuova acutezza.

Дори Били хленчеше по-малко сладко и показа нова острота.

Buck ringhiava a Spitz ogni volta che si incrociavano.

Бък ръмжеше на Шпиц всеки път, когато пътищата им се пресичаха.

L'atteggiamento di Buck divenne audace e minaccioso, quasi come quello di un bullo.
Отношението на Бък стана дръзко и заплашително, почти като на побойник.

Camminava avanti e indietro davanti a Spitz con un'andatura spavalda e piena di minaccia beffarda.
Той крачеше пред Шпиц с перчене, изпълнено с подигравателна заплаха.

Questo crollo dell'ordine si diffuse anche tra i cani da slitta.
Това разрушаване на реда се разпростани и сред кучетата за впряг.

Litigarono e discussero più che mai, riempiendo l'accampamento di rumore.
Те се караха и спореха повече от всякога, изпълвайки лагера с шум.

Ogni notte la vita nel campeggio si trasformava in un caos selvaggio e ululante.
Лагерният живот се превръщаше в див, виещ хаос всяка нощ.

Solo Dave e Solleks rimasero fermi e concentrati.
Само Дейв и Солекс останаха стабилни и съсредоточени.

Ma anche loro diventarono irascibili a causa delle continue risse.
Но дори и те се изнервяха от постоянните сбивания.

François imprecò in lingue strane e batté i piedi per la frustrazione.
Франсоа изруга на странни езици и тропаше отчаяно.

Si strappò i capelli e urlò mentre la neve gli volava sotto i piedi.
Той скубеше косата си и крещеше, докато сняг лети под краката му.

La sua frusta schioccò contro il gruppo, ma a malapena riuscì a tenerli in riga.
Камшикът му щракна по глутницата, но едва ги задържа в редица.

Ogni volta che voltava le spalle, la lotta ricominciava.
Винаги, когато обръщаше гръб, боят избухваше отново.

François usò la frusta per Spitz, mentre Buck guidava i ribelli.
Франсоа използва камшика за Шпиц, докато Бък поведе бунтовниците.
Ognuno conosceva il ruolo dell'altro, ma Buck evitava di addossare ogni colpa.
Всеки знаеше ролята на другия, но Бък избягваше всякакви обвинения.
François non ha mai colto Buck mentre iniziava una rissa o si sottraeva al suo lavoro.
Франсоа никога не е хващал Бък да започва бой или да бяга от работата си.
Buck lavorava duramente ai finimenti: la fatica ora gli dava entusiasmo.
Бък работеше усилено в хамута — трудът сега вълнуваше духа му.
Ma trovava ancora più gioia nel fomentare risse e caos nell'accampamento.
Но той намираше още по-голяма радост в разпалването на боеве и хаос в лагера.

Una sera, alla foce del Tahkeena, Dub spaventò un coniglio.
Една вечер в устата на Тахкина, Дъб стреснал заек.
Mancò la presa e il coniglio con la racchetta da neve balzò via.
Той пропусна уловката и заекът-снежник отскочи.
Nel giro di pochi secondi, l'intera squadra di slitte si lanciò all'inseguimento, gridando a squarciagola.
След секунди целият впряг с шейни ги преследваше с диви викове.
Nelle vicinanze, un accampamento della polizia del nord-ovest ospitava cinquanta cani husky.
Наблизо, лагер на северозападната полиция приютяваше петдесет кучета хъски.
Si unirono alla caccia, scendendo insieme il fiume ghiacciato.

Те се присъединиха към лова, спускайки се заедно по замръзналата река.

Il coniglio lasciò il fiume e fuggì lungo il letto ghiacciato di un ruscello.

Заекът свърна от реката, бягайки нагоре по замръзналото корито на потока.

Il coniglio saltellava leggero sulla neve mentre i cani si facevano strada a fatica.

Заекът леко подскачаше по снега, докато кучетата се мъчеха да се промъкнат през него.

Buck guidava l'enorme branco di sessanta cani attorno a ogni curva tortuosa.

Бък водеше огромната глутница от шестдесет кучета около всеки криволичещ завой.

Si spinse in avanti, basso e impaziente, ma non riuscì a guadagnare terreno.

Той продължи напред, ниско и нетърпеливо, но не можа да набере скорост.

Il suo corpo brillava sotto la pallida luna a ogni potente balzo.

Тялото му проблясваше под бледата луна с всеки мощен скок.

Davanti a loro, il coniglio si muoveva come un fantasma, silenzioso e troppo veloce per essere catturato.

Напред заекът се движеше като призрак, безшумен и твърде бърз, за да бъде хванат.

Tutti quei vecchi istinti, la fame, l'eccitazione, attraversarono Buck.

Всички онези стари инстинкти – гладът, тръпката – нахлуха в Бък.

A volte gli esseri umani avvertono questo istinto e sono spinti a cacciare con armi da fuoco e proiettili.

Хората понякога усещат този инстинкт, подтикнати да ловуват с пушка и куршуми.

Ma Buck provava questa sensazione a un livello più profondo e personale.

Но Бък изпитваше това чувство на по-дълбоко и по-лично ниво.
Non riuscivano a percepire la natura selvaggia nel loro sangue come Buck.
Те не можеха да усетят дивото в кръвта си така, както Бък можеше да го усети.
Inseguiva la carne viva, pronto a uccidere con i denti e ad assaggiare il sangue.
Той гонеше живо месо, готов да убива със зъби и да вкуси кръв.
Il suo corpo si tendeva per la gioia, desiderando immergersi nel caldo rosso della vita.
Тялото му се напрягаше от радост, искаше да се окъпе в топлата червена вода на живота.
Una strana gioia segna il punto più alto che la vita possa mai raggiungere.
Странна радост бележи най-високата точка, която животът някога може да достигне.
La sensazione di raggiungere un picco in cui i vivi dimenticano di essere vivi.
Усещането за връх, където живите забравят, че изобщо са живи.
Questa gioia profonda tocca l'artista immerso in un'ispirazione ardente.
Тази дълбока радост докосва художника, изгубен в пламтящо вдъхновение.
Questa gioia afferra il soldato che combatte selvaggiamente e non risparmia alcun nemico.
Тази радост обзема войника, който се бие диво и не щади врагове.
Questa gioia ora colpì Buck mentre guidava il branco in preda alla fame primordiale.
Тази радост сега обзе Бък, докато водеше глутницата с първичен глад.
Ululò con l'antico grido del lupo, emozionato per l'inseguimento.

Той виеше с древния вълчи вик, развълнуван от живата лов.

Buck fece appello alla parte più antica di sé, persa nella natura selvaggia.

Бък се докосна до най-старата част от себе си, изгубена в дивата природа.

Scavò in profondità dentro di sé, oltre la memoria, fino al tempo grezzo e antico.

Той се потопи дълбоко в себе си, в отвъдните спомени, в суровото, древно време.

Un'ondata di vita pura pervase ogni muscolo e tendine.

Вълна от чист живот премина през всеки мускул и сухожилие.

Ogni salto gridava che viveva, che attraversava la morte.

Всеки скок крещеше, че е жив, че преминава през смъртта.

Il suo corpo si librava gioioso su una terra immobile e fredda che non si muoveva mai.

Тялото му се рееше радостно над неподвижна, студена земя, която никога не помръдваше.

Spitz rimase freddo e astuto anche nei suoi momenti più selvaggi.

Шпиц оставаше хладнокръвен и хитър, дори в най-дивите си моменти.

Lasciò il sentiero e attraversò un terreno dove il torrente formava una curva ampia.

Той напусна пътеката и прекоси земя, където потокът се извиваше широко.

Buck, ignaro di ciò, rimase sul sentiero tortuoso del coniglio.

Бък, без да знае за това, остана на криволичещата пътека на заека.

Poi, mentre Buck svoltava dietro una curva, il coniglio spettrale si trovò davanti a lui.

Тогава, когато Бък зави зад завой, призрачният заек се озова пред него.

Vide una seconda figura balzare dalla riva precedendo la preda.

Той видя втора фигура да скочи от брега пред плячката.

La figura era Spitz, atterrato proprio sulla traiettoria del coniglio in fuga.
Фигурата беше Шпиц, кацнал точно на пътя на бягащия заек.
Il coniglio non riuscì a girarsi e incontrò le fauci di Spitz a mezz'aria.
Заекът не можеше да се обърне и срещна челюстите на Шпиц във въздуха.
La spina dorsale del coniglio si spezzò con un grido acuto come il grido di un essere umano morente.
Гръбнакът на заека се счупи с писък, остър като плач на умиращ човек.
A quel suono, il passaggio dalla vita alla morte, il branco ululò forte.
При този звук — падането от живот към смърт — глутницата залая силно.
Un coro selvaggio si levò da dietro Buck, pieno di oscura gioia.
Див хор се издигна зад Бък, изпълнен с мрачна наслада.
Buck non emise alcun grido, nessun suono e si lanciò dritto verso Spitz.
Бък не издаде нито вик, нито звук и се нахвърли право върху Шпиц.
Mirò alla gola, ma colpì invece la spalla.
Той се прицели в гърлото, но вместо това удари рамото.
Caddero nella neve soffice, i loro corpi erano intrappolati in un combattimento.
Те се търкаляха през мекия сняг; телата им се сковаха в битка.
Spitz balzò in piedi rapidamente, come se non fosse mai stato atterrato.
Шпиц скочи бързо, сякаш никога не е бил повален.
Colpì Buck alla spalla e poi balzò fuori dalla mischia.
Той поряза рамото на Бък, след което скочи да се отдръпне от боя.
Per due volte i suoi denti schioccarono come trappole d'acciaio, e le sue labbra si arricciarono e si fecero feroci.

Зъбите му щракнаха два пъти като стоманени капани, устните му се извиха свирепо.
Arretrò lentamente, cercando un terreno solido sotto i piedi.
Той се отдръпна бавно, търсейки твърда почва под краката си.
Buck comprese il momento all'istante e pienamente.
Бък разбра момента мигновено и напълно.
Il momento era giunto: la lotta sarebbe stata una lotta all'ultimo sangue.
Времето беше дошло; битката щеше да бъде битка до смърт.
I due cani giravano in cerchio, ringhiando, con le orecchie piatte e gli occhi socchiusi.
Двете кучета кръжаха около тях, ръмжейки, с присвити уши и присвити очи.
Ogni cane aspettava che l'altro mostrasse debolezza o facesse un passo falso.
Всяко куче чакаше другото да покаже слабост или да сгреши.
Buck percepiva quella scena come stranamente nota e profondamente ricordata.
За Бък сцената му се стори зловещо позната и дълбоко запомнена.
I boschi bianchi, la terra fredda, la battaglia al chiaro di luna.
Белите гори, студената земя, битката под лунна светлина.
Un silenzio pesante, profondo e innaturale riempiva la terra.
Тежка тишина изпълни земята, дълбока и неестествена.
Nessun vento si alzava, nessuna foglia si muoveva, nessun suono rompeva il silenzio.
Нито вятър, нито листо помръдна, нито звук наруши тишината.
Il respiro dei cani si levava come fumo nell'aria gelida e silenziosa.
Дъхът на кучетата се издигаше като дим в замръзналия, тих въздух.
Il coniglio era stato dimenticato da tempo dal branco di animali selvatici.

Заекът отдавна беше забравен от глутницата диви зверове.
Questi lupi semiaddomesticati ora stavano fermi in un ampio cerchio.
Тези полуопитомени вълци сега стояха неподвижно в широк кръг.
Erano silenziosi, solo i loro occhi luminosi rivelavano la loro fame.
Те бяха тихи, само светещите им очи издаваха глада им.
Il loro respiro saliva, mentre osservavano l'inizio dello scontro finale.
Дъхът им се ускори, докато наблюдаваха началото на финалната битка.
Per Buck questa battaglia era vecchia e attesa, per niente strana.
За Бък тази битка беше стара и очаквана, никак не странна.
Era come il ricordo di qualcosa che doveva accadere da sempre.
Чувстваше се като спомен за нещо, което винаги е било предопределено да се случи.
Spitz era un cane da combattimento addestrato, affinato da innumerevoli risse selvagge.
Шпицът беше обучено бойно куче, усъвършенствано от безброй диви боеве.
Dallo Spitzbergen al Canada, aveva sconfitto molti nemici.
От Шпицберген до Канада той беше овладял много врагове.
Era pieno di rabbia, ma non cedette mai il controllo alla rabbia.
Той беше изпълнен с ярост, но никога не се поддаваше на контрол над яростта.
La sua passione era acuta, ma sempre temperata dal duro istinto.
Страстта му беше остра, но винаги смекчена от твърд инстинкт.
Non ha mai attaccato finché non ha avuto la sua difesa pronta.

Той никога не атакуваше, докато не си осигури собствена защита.
Buck provò più volte a raggiungere il collo vulnerabile di Spitz.
Бък се опитваше отново и отново да достигне уязвимия врат на Шпиц.
Ma ogni colpo veniva accolto da un fendente dei denti affilati di Spitz.
Но всеки удар беше посрещан с пронизващ удар от острите зъби на Шпиц.
Le loro zanne si scontrarono ed entrambi i cani sanguinarono dalle labbra lacerate.
Зъбите им се сблъскаха и двете кучета прокървиха от разкъсаните си устни.
Nonostante i suoi sforzi, Buck non riusciva a rompere la difesa.
Колкото и да се нахвърляше Бък, не успяваше да пробие защитата.
Divenne sempre più furioso e si lanciò verso di lui con violente esplosioni di potenza.
Той се разяри още повече, нахлувайки с диви изблици на енергия.
Buck colpì ripetutamente la bianca gola di Spitz.
Отново и отново Бък удряше по бялото гърло на Шпиц.
Ogni volta Spitz schivava e contrattaccava con un morso tagliente.
Всеки път Шпиц се изплъзваше и отвръщаше на удара с режеща хапка.
Poi Buck cambiò tattica, avventandosi di nuovo come se volesse colpirlo alla gola.
Тогава Бък смени тактиката, отново се втурвайки сякаш към гърлото.
Ma a metà attacco si è ritirato, girandosi per colpire di lato.
Но той се отдръпна по средата на атаката, обръщайки се, за да удари отстрани.
Colpì Spitz con una spallata, con l'intento di buttarlo a terra.
Той хвърли рамо в Шпиц, целяйки да го събори.

Ogni volta che ci provava, Spitz lo schivava e rispondeva con un fendente.
Всеки път, когато се опитваше, Шпиц се изплъзваше и контраатакуваше с удар.
La spalla di Buck si faceva scorticare mentre Spitz si liberava dopo ogni colpo.
Рамото на Бък се разболя, докато Шпиц отскачаше след всеки удар.
Spitz non era stato toccato, mentre Buck sanguinava dalle numerose ferite.
Шпиц не беше докоснат, докато Бък кървеше от многобройните си рани.
Il respiro di Buck era affannoso e pesante, il suo corpo era viscido di sangue.
Бък дишаше учестено и тежко, тялото му беше хлъзгаво от кръв.
La lotta diventava più brutale a ogni morso e carica.
С всяка хапка и атака битката ставаше все по-брутална.
Attorno a loro, sessanta cani silenziosi aspettavano che il primo cadesse.
Около тях шестдесет мълчаливи кучета чакаха първите да паднат.
Se un cane fosse caduto, il branco avrebbe posto fine alla lotta.
Ако едно куче падне, глутницата щеше да довърши битката.
Spitz vide Buck indebolirsi e cominciò ad attaccare.
Шпиц видя, че Бък отслабва, и започна да настоява за атака.
Mantenne Buck sbilanciato, costringendolo a lottare per restare in piedi.
Той държеше Бък извън равновесие, принуждавайки го да се бори за опора.
Una volta Buck inciampò e cadde, e tutti i cani si rialzarono.
Веднъж Бък се спъна и падна, а всички кучета се изправиха.
Ma Buck si raddrizzò a metà caduta e tutti ricaddero.

Но Бък се изправи по средата на падането и всички отново потънаха.

Buck aveva qualcosa di raro: un'immaginazione nata da un profondo istinto.

Бък притежаваше нещо рядко срещано – въображение, родено от дълбок инстинкт.

Combatté per istinto naturale, ma combatté anche con astuzia.

Той се биеше с естествен инстинкт, но се биеше и с хитрост.

Tornò ad attaccare come se volesse ripetere il trucco dell'attacco alla spalla.

Той отново се нахвърли в атака, сякаш повтаряше номера си с атака с рамо.

Ma all'ultimo secondo si abbassò e passò sotto Spitz.

Но в последната секунда той се спусна ниско и профуча под Шпиц.

I suoi denti si bloccarono sulla zampa anteriore sinistra di Spitz con uno schiocco.

Зъбите му се забиха в предния ляв крак на Шпиц с щракване.

Spitz ora era instabile e il suo peso gravava solo su tre zampe.

Шпиц сега стоеше нестабилно, тежестта му се крепеше само на три крака.

Buck colpì di nuovo e tentò tre volte di atterrarlo.

Бък удари отново, опита се три пъти да го повали.

Al quarto tentativo ha usato la stessa mossa con successo

На четвъртия опит той използва същия ход с успех.

Questa volta Buck riuscì a mordere la zampa destra di Spitz.

Този път Бък успя да захапе десния крак на Шпиц.

Spitz, benché storpio e in agonia, continuò a lottare per sopravvivere.

Шпиц, макар и осакатен и в агония, продължаваше да се бори да оцелее.

Vide il cerchio degli husky stringersi, con le lingue fuori e gli occhi luminosi.

Той видя как кръгът от хъскита се стегна, с изплезени езици и светещи очи.
Aspettarono di divorarlo, proprio come avevano fatto con gli altri.
Те чакаха да го погълнат, точно както бяха направили с другите.
Questa volta era lui al centro, sconfitto e condannato.
Този път той стоеше в центъра; победен и обречен.
Ormai il cane bianco non aveva più alcuna possibilità di fuga.
Сега бялото куче нямаше друг избор да избяга.
Buck non mostrò alcuna pietà, perché la pietà non era a posto nella natura selvaggia.
Бък не показа милост, защото милостта не беше място за дивата природа.
Buck si mosse con cautela, preparandosi per la carica finale.
Бък се движеше внимателно, подготвяйки се за последната атака.
Il cerchio degli husky si stringeva; lui sentiva i loro respiri caldi.
Кръгът от хъскита се затвори; той усети топлите им дъхи.
Si accovacciarono, pronti a scattare quando fosse giunto il momento.
Те се приклекнаха ниско, готови да скочат, когато моментът настъпи.
Spitz tremava nella neve, ringhiando e cambiando posizione.
Шпиц трепереше в снега, ръмжеше и местеше стойката си.
I suoi occhi brillavano, le labbra si arricciavano, i denti brillavano in un'espressione disperata e minacciosa.
Очите му блестяха, устните му се извиха, зъбите му проблясваха в отчаяна заплаха.
Barcollò, cercando ancora di resistere al freddo morso della morte.
Той се олюля, все още опитвайки се да сдържи студения ухапване на смъртта.

Aveva già visto situazioni simili, ma sempre dalla parte dei vincitori.
Беше виждал това и преди, но винаги от печелившата страна.
Ora era dalla parte perdente; lo sconfitto; la preda; la morte.
Сега той беше на страната на губещите; победените; плячката; смъртта.
Buck si preparò al colpo finale, mentre il cerchio dei cani si faceva sempre più stretto.
Бък се завъртя за последния удар, кръгът от кучета се притисна още по-близо.
Poteva sentire i loro respiri caldi; erano pronti a uccidere.
Той усещаше горещите им дъхове; готови за убийство.
Calò il silenzio; tutto era al suo posto; il tempo si era fermato.
Настъпи тишина; всичко си беше на мястото; времето беше спряло.
Persino l'aria fredda tra loro si congelò per un ultimo istante.
Дори студеният въздух между тях замръзна за последен миг.
Soltanto Spitz si mosse, cercando di trattenere la sua fine amara.
Само Шпиц се движеше, опитвайки се да сдържи горчивия си край.
Il cerchio dei cani si stava stringendo attorno a lui, come era suo destino.
Кръгът от кучета се затваряше около него, както и съдбата му.
Ora era disperato, sapendo cosa stava per accadere.
Сега беше отчаян, знаейки какво ще се случи.
Buck balzò dentro e la sua spalla incontrò la sua spalla per l'ultima volta.
Бък скочи напред, рамо срещна рамо за последен път.
I cani si lanciarono in avanti, nascondendo Spitz nell'oscurità della neve.
Кучетата се втурнаха напред, покривайки Шпиц в снежния мрак.

Buck osservava, eretto e fiero; il vincitore in un mondo selvaggio.
Бък наблюдаваше, изправен; победителят в един див свят.
La bestia primordiale dominante aveva fatto la sua uccisione, e la aveva fatta bene.
Доминиращият първичен звяр беше направил своето убийство и това беше добре.

Colui che ha conquistato la maestria
Този, който е спечелил майсторство

"Eh? Cosa ho detto? Dico la verità quando dico che Buck è un diavolo."
„А? Какво казах? Прав съм, когато казвам, че Бък е дявол."
François raccontò questo la mattina dopo aver scoperto la scomparsa di Spitz.
Франсоа каза това на следващата сутрин, след като откри, че Шпиц е изчезнал.
Buck rimase lì, coperto di ferite causate dal violento combattimento.
Бък стоеше там, покрит с рани от ожесточената битка.
François tirò Buck vicino al fuoco e indicò le ferite.
Франсоа придърпа Бък близо до огъня и посочи раните.
«Quello Spitz ha combattuto come il Devik», disse Perrault, osservando i profondi tagli.
„Този Шпиц се биеше като Девик", каза Перо, оглеждайки дълбоките рани.
«E quel Buck si batteva come due diavoli», rispose subito François.
— И че Бък се биеше като два дявола — отвърна веднага Франсоа.
"Ora faremo buon passo; niente più Spitz, niente più guai."
„Сега ще се справим добре; край на Шпиц, край на неприятностите."
Perrault stava preparando l'attrezzatura e caricò la slitta con cura.
Перо опаковаше багажа и товареше шейната внимателно.
François bardò i cani per prepararli alla corsa della giornata.
Франсоа впрегна кучетата, подготвяйки ги за дневното бягане.
Buck trotterellò dritto verso la posizione di testa, precedentemente occupata da Spitz.
Бък се затича право към водещата позиция, която някога заемаше Шпиц.

Ma François, senza accorgersene, condusse Solleks in prima linea.
Но Франсоа, без да забелязва, поведе Солекс напред към предната част.

Secondo François, Solleks era ora il miglior cane da corsa.
Според преценката на Франсоа, Солекс вече беше най-доброто куче-водач.

Buck si scagliò furioso contro Solleks e lo respinse indietro in segno di protesta.
Бък се нахвърли яростно върху Солекс и го отблъсна в знак на протест.

Si fermò dove un tempo si era fermato Spitz, rivendicando la posizione di comando.
Той застана там, където някога беше стоял Шпиц, претендирайки за водещата позиция.

"Eh? Eh?" esclamò François, dandosi una pacca sulle cosce divertito.
„А? А?" — извика Франсоа, като се пляскаше развеселено по бедрата.

"Guarda Buck: ha ucciso Spitz, ora vuole prendersi il posto!"
„Виж Бък — той уби Шпиц, а сега иска да вземе работата!"

"Vattene via, Chook!" urlò, cercando di scacciare Buck.
„Махай се, Чук!" – извика той, опитвайки се да прогони Бък.

Ma Buck si rifiutò di muoversi e rimase immobile nella neve.
Но Бък отказа да помръдне и стоеше здраво в снега.

François afferrò Buck per la collottola e lo trascinò da parte.
Франсоа сграбчи Бък за яката и го дръпна настрани.

Buck ringhiò basso e minaccioso, ma non attaccò.
Бък изръмжа ниско и заплашително, но не атакува.

François rimette Solleks in testa, cercando di risolvere la disputa
Франсоа отново изведе Солекс напред, опитвайки се да разреши спора

Il vecchio cane mostrò paura di Buck e non voleva restare.
Старото куче показа страх от Бък и не искаше да остане.

Quando François gli voltò le spalle, Buck scacciò di nuovo Solleks.
Когато Франсоа му обърна гръб, Бък отново изгони Солекс.

Solleks non oppose resistenza e si fece di nuovo da parte in silenzio.
Солекс не се съпротивляваше и тихо се отдръпна отново.

François si arrabbiò e urlò: "Per Dio, ti sistemo!"
Франсоа се ядоса и извика: „За Бога, ще те оправя!"

Si avvicinò a Buck tenendo in mano una pesante mazza.
Той се приближи до Бък, държейки тежка тояга в ръка.

Buck ricordava bene l'uomo con il maglione rosso.
Бък добре си спомняше мъжа с червения пуловер.

Si ritirò lentamente, osservando François ma ringhiando profondamente.
Той се отдръпна бавно, наблюдавайки Франсоа, но ръмжейки дълбоко.

Non si affrettò a tornare indietro, nemmeno quando Solleks si mise al suo posto.
Той не се втурна назад, дори когато Солекс застана на негово място.

Buck si girò in cerchio, appena fuori dalla sua portata, ringhiando furioso e protestando.
Бък се завъртя точно извън обсега им, ръмжейки от ярост и протест.

Teneva gli occhi fissi sulla mazza, pronto a schivare il colpo se François l'avesse lanciata.
Той не откъсваше очи от стика, готов да се измъкне, ако Франсоа хвърли.

Era diventato saggio e cauto nei confronti degli uomini che maneggiavano le armi.
Той беше станал мъдър и предпазлив по отношение на оръжейните мъже.

François si arrese e chiamò di nuovo Buck al suo vecchio posto.
Франсоа се отказа и отново повика Бък на предишното му място.

Ma Buck fece un passo indietro con cautela, rifiutandosi di obbedire all'ordine.
Но Бък отстъпи предпазливо назад, отказвайки да се подчини на заповедта.
François lo seguì, ma Buck indietreggiò solo di pochi passi.
Франсоа го последва, но Бък отстъпи само още няколко крачки.
Dopo un po' François gettò a terra l'arma, frustrato.
След известно време Франсоа хвърли оръжието от отчаяние.
Pensava che Buck avesse paura di essere picchiato e che avrebbe fatto lo stesso senza far rumore.
Той си помисли, че Бък се страхува от побой и ще дойде тихо.
Ma Buck non stava evitando la punizione: stava lottando per ottenere un rango.
Но Бък не избягваше наказанието — той се бореше за ранг.
Si era guadagnato il posto di capobranco combattendo fino alla morte
Той си беше спечелил мястото на куче-водещ чрез битка до смърт.
non si sarebbe accontentato di niente di meno che di essere il leader.
Той нямаше да се задоволи с нищо по-малко от това да бъде лидер.

Perrault si unì all'inseguimento per aiutare a catturare il ribelle Buck.
Перо се намеси в преследването, за да помогне за залавянето на непокорния Бък.
Insieme lo portarono in giro per l'accampamento per quasi un'ora.
Заедно го разхождаха из лагера близо час.
Gli scagliarono contro dei bastoni, ma Buck li schivò abilmente uno per uno.

Хвърляха тояги по него, но Бък умело избягваше всяка една от тях.
Maledissero lui, i suoi antenati, i suoi discendenti e ogni suo capello.
Те проклеха него, предците му, потомците му и всеки косъм по него.
Ma Buck si limitò a ringhiare e a restare appena fuori dalla loro portata.
Но Бък само изръмжа в отговор и остана точно извън обсега им.
Non cercò mai di scappare, ma continuò a girare intorno all'accampamento deliberatamente.
Той никога не се е опитвал да избяга, а умишлено е обикалял лагера.
Disse chiaramente che avrebbe obbedito una volta ottenuto ciò che voleva.
Той ясно заяви, че ще се подчини, щом му дадат това, което иска.
Alla fine François si sedette e si grattò la testa, frustrato.
Франсоа най-накрая седна и се почеса по главата отчаяно.
Perrault controllò l'orologio, imprecò e borbottò qualcosa sul tempo perso.
Перо погледна часовника си, изруга и промърмори за изгубеното време.
Era già trascorsa un'ora, mentre avrebbero dovuto essere sulle tracce.
Вече беше минал един час, откакто трябваше да са на пътеката.
François alzò le spalle timidamente, guardando il corriere, che sospirò sconfitto.
Франсоа сви плахо рамене към куриера, който въздъхна победено.
Poi François si avvicinò a Solleks e chiamò ancora una volta Buck.
След това Франсоа отиде до Солекс и отново извика Бък.
Buck rise come ride un cane, ma mantenne una cauta distanza.

Бък се засмя като кучешки смях, но запази предпазлива дистанция.
François tolse l'imbracatura a Solleks e lo rimise al suo posto.
Франсоа свали хамута на Солекс и го върна на мястото му.
La squadra di slittini era completamente imbracata, con un solo posto libero.
Впрягът с шейни беше напълно впрегнат, като само едно място беше незаето.
La posizione di comando rimase vuota, chiaramente riservata solo a Buck.
Водещата позиция остана празна, очевидно предназначена само за Бък.
François chiamò di nuovo e di nuovo Buck rise e mantenne la sua posizione.
Франсоа извика отново и Бък отново се засмя и удържа позицията си.
«Gettate giù la mazza», ordinò Perrault senza esitazione.
„Хвърли тоягата", заповяда Перо без колебание.
François obbedì e Buck si lanciò subito avanti con orgoglio.
Франсоа се подчини и Бък веднага гордо тръгна напред.
Rise trionfante e assunse la posizione di comando.
Той се засмя триумфално и зае водещата позиция.
François fissò le corde e la slitta si staccò.
Франсоа закрепи следите си и шейната се откъсна.
Entrambi gli uomini corsero fianco a fianco mentre la squadra si lanciava lungo il sentiero del fiume.
И двамата мъже тичаха редом с екипа, който се втурваше по пътеката край реката.
François aveva avuto una grande stima dei "due diavoli" di Buck,
Франсоа имаше високо мнение за „двамата дяволи" на Бък
ma ben presto si rese conto di aver in realtà sottovalutato il cane.
но скоро осъзна, че всъщност е подценил кучето.
Buck assunse rapidamente la leadership e si comportò in modo eccellente.

Бък бързо пое лидерството и се представи отлично.
Buck superò Spitz per capacità di giudizio, rapidità di pensiero e rapidità di azione.
По преценка, бързо мислене и бързи действия Бък превъзхождаше Шпиц.
François non aveva mai visto un cane pari a quello che Buck mostrava ora.
Франсоа никога не беше виждал куче, равностойно на това, което Бък сега демонстрираше.
Ma Buck eccelleva davvero nel far rispettare l'ordine e nel imporre rispetto.
Но Бък наистина се отличаваше в налагането на ред и внушаването на уважение.
Dave e Solleks accettarono il cambiamento senza preoccupazioni o proteste.
Дейв и Солекс приеха промяната без притеснение или протест.
Si concentravano solo sul lavoro e tiravano forte le redini.
Те се съсредоточиха само върху работата и здраво дърпаха юздите.
A loro importava poco chi guidasse, purché la slitta continuasse a muoversi.
Малко ги интересуваше кой води, стига шейната да продължаваше да се движи.
Billee, quella allegra, avrebbe potuto comandare per quel che volevano.
Били, веселата, можеше да поведе, колкото и да ги интересуваше.
Ciò che contava per loro era la pace e l'ordine tra i ranghi.
За тях важни бяха мирът и редът в редиците.

Il resto della squadra era diventato indisciplinato durante il declino di Spitz.
Останалата част от отбора беше станала непокорна по време на упадъка на Шпиц.
Rimasero scioccati quando Buck li riportò immediatamente all'ordine.

Те бяха шокирани, когато Бък веднага ги подреди.
Pike era sempre stato pigro e aveva sempre tergiversato dietro a Buck.
Пайк винаги беше мързелив и се беше влачил след Бък.
Ma ora è stato severamente disciplinato dalla nuova leadership.
Но сега беше строго дисциплиниран от новото ръководство.
E imparò rapidamente a dare il suo contributo alla squadra.
И той бързо се научи да играе важна роля в отбора.
Alla fine della giornata, Pike lavorò più duramente che mai.
Към края на деня Пайк работеше по-усърдно от всякога.
Quella notte all'accampamento, Joe, il cane scontroso, fu finalmente domato.
Същата нощ в лагера Джо, киселото куче, най-накрая беше покорен.
Spitz non era riuscito a disciplinarlo, ma Buck non aveva fallito.
Шпиц не успя да го накаже, но Бък не се провали.
Sfruttando il suo peso maggiore, Buck sopraffece Joe in pochi secondi.
Използвайки по-голямата си тежест, Бък надви Джо за секунди.
Morse e picchiò Joe finché questi non si mise a piagnucolare e smise di opporre resistenza.
Той хапеше и удряше Джо, докато той не изскимтя и не спря да се съпротивлява.
Da quel momento in poi l'intera squadra migliorò.
Целият отбор се подобри от този момент нататък.
I cani ritrovarono la loro antica unità e disciplina.
Кучетата възвърнаха старото си единство и дисциплина.
A Rink Rapids si sono uniti al gruppo due nuovi husky autoctoni, Teek e Koona.
В Ринк Рапидс се присъединиха две нови местни хъскита, Тийк и Куна.
La rapidità con cui Buck li addestramento stupì perfino François.

Бързото обучение на Бък изуми дори Франсоа.
"Non è mai esistito un cane come quel Buck!" esclamò stupito.
„Никога не е имало такова куче като този Бък!" – извика той с удивление.
"No, mai! Vale mille dollari, per Dio!"
„Не, никога! Той струва хиляда долара, за бога!"
"Eh? Che ne dici, Perrault?" chiese con orgoglio.
„А? Какво ще кажеш, Перо?" — попита той с гордост.
Perrault annuì in segno di assenso e controllò i suoi appunti.
Перо кимна в знак на съгласие и провери бележките си.
Siamo già in anticipo sui tempi e guadagniamo sempre di più ogni giorno.
Вече изпреварваме графика и всеки ден печелим повече.
Il sentiero era compatto e liscio, senza neve fresca.
Пътеката беше твърда и гладка, без пресен сняг.
Il freddo era costante, con temperature che si aggiravano sempre sui cinquanta gradi sotto zero.
Студът беше постоянен, като през цялото време се движеше около петдесет градуса под нулата.
Per scaldarsi e guadagnare tempo, gli uomini si alternavano a cavallo e a correre.
Мъжете яздеха и тичаха на свой ред, за да се стоплят и да си намерят време.
I cani correvano veloci, fermandosi di rado, spingendosi sempre in avanti.
Кучетата тичаха бързо с малко спирания, винаги натискайки напред.
Il fiume Thirty Mile era per la maggior parte ghiacciato e facile da attraversare.
Река Тридесет и миля беше предимно замръзнала и лесна за преминаване.
In un giorno realizzarono ciò che per arrivare aveva impiegato dieci giorni.
Те излязоха за един ден, това, което им отне десет дни, за да пристигнат.

Percorsero circa 96 chilometri dal lago Le Barge a White Horse.
Те направиха шестдесеткилометров бяг от езерото Льо Барж до Белия кон.
Si muovevano a velocità incredibile attraverso i laghi Marsh, Tagish e Bennett.
През езерата Марш, Тагиш и Бенет те се движеха невероятно бързо.
L'uomo che correva veniva trainato dietro la slitta con una corda.
Бягащият мъж теглеше шейната по въже.
L'ultima notte della seconda settimana giunsero a destinazione.
В последната нощ на втората седмица те стигнаха до местоназначението си.
Insieme avevano raggiunto la cima del White Pass.
Бяха стигнали заедно върха на Белия проход.
Scesero fino al livello del mare, con le luci dello Skaguay sotto di loro.
Те се спуснаха до морското равнище, а светлините на Скагуей бяха под тях.
Era stata una corsa da record attraverso chilometri di fredda natura selvaggia.
Това беше рекордно бягане през километри студена пустош.
Per quattordici giorni di fila percorsero in media circa quaranta miglia.
В продължение на четиринадесет дни те изминаваха средно по четиридесет мили.
A Skaguay, Perrault e François trasportavano merci attraverso la città.
В Скагуей Перо и Франсоа превозвали товари през града.
Furono applauditi e ricevettero numerose bevande dalla folla ammirata.
Те бяха аплодирани и им предлагани много напитки от възхитената тълпа.

I cacciatori di cani e gli operai si sono riuniti attorno alla famosa squadra cinofila.
Ловци на кучета и работници се събраха около известния кучешки впряг.
Poi i fuorilegge del West giunsero in città e subirono una violenta sconfitta.
Тогава западни разбойници дойдоха в града и претърпяха жестоко поражение.
La gente si dimenticò presto della squadra e si concentrò sul nuovo dramma.
Хората скоро забравиха отбора и се съсредоточиха върху нова драма.
Poi arrivarono i nuovi ordini che cambiarono tutto in un colpo.
След това дойдоха новите заповеди, които промениха всичко наведнъж.
François chiamò Buck e lo abbracciò con orgoglio e lacrime.
Франсоа повика Бък при себе си и го прегърна със сълзи на гордост.
Quel momento fu l'ultima volta che Buck vide di nuovo François.
Този момент беше последният път, когато Бък видя Франсоа отново.
Come molti altri uomini prima di lui, sia François che Perrault se n'erano andati.
Както много мъже преди това, и Франсоа, и Перо ги нямаше.
Un meticcio scozzese si prese cura di Buck e dei suoi compagni di squadra con i cani da slitta.
Шотландско куче от смесена порода пое отговорност за Бък и неговите съотборници, впрегатни кучета.
Con una dozzina di altre mute di cani, ritornarono lungo il sentiero fino a Dawson.
С дузина други кучешки впрягове те се върнаха по пътеката към Доусън.
Non si trattava più di una corsa veloce, ma solo di un duro lavoro con un carico pesante ogni giorno.

Вече не беше бързо бягане — просто тежък труд с тежък товар всеки ден.

Si trattava del treno postale che portava notizie ai cercatori d'oro vicino al Polo.

Това беше пощенският влак, който носеше вест на ловците на злато близо до полюса.

Buck non amava il lavoro, ma lo sopportò bene, essendo orgoglioso del suo impegno.

Бък не харесваше работата, но я понасяше добре, гордеейки се с усилията си.

Come Dave e Solleks, Buck dimostrava dedizione in ogni compito quotidiano.

Подобно на Дейв и Солекс, Бък показваше всеотдайност към всяка ежедневна задача.

Si è assicurato che tutti i suoi compagni di squadra dessero il massimo.

Той се увери, че всеки от съотборниците му се справя с тежестта, която му е отредена.

La vita sui sentieri divenne noiosa e si ripeteva con la precisione di una macchina.

Животът по пътеките стана скучен, повтарящ се с прецизността на машина.

Ogni giorno era uguale, una mattina si fondeva con quella successiva.

Всеки ден се усещаше един и същ, една сутрин се сливаше със следващата.

Alla stessa ora, i cuochi si alzarono per accendere il fuoco e preparare il cibo.

В същия час готвачите станаха, за да запалят огньове и да приготвят храна.

Dopo colazione alcuni lasciarono l'accampamento mentre altri attaccarono i cani.

След закуска някои напуснаха лагера, докато други впрегнаха кучетата.

Raggiunsero il sentiero prima che il pallido segnale dell'alba sfiorasse il cielo.

Те стигнаха до пътеката, преди смътният лъч на зората да докосне небето.
Di notte si fermavano per accamparsi, e a ogni uomo veniva assegnato un compito.
През нощта те спираха, за да направят лагер, като всеки мъж имаше определена задача.
Alcuni montarono le tende, altri tagliarono la legna da ardere e raccolsero rami di pino.
Някои опънаха палатките, други секоха дърва за огрев и събираха борови клони.
Acqua o ghiaccio venivano portati ai cuochi per la cena serale.
За вечерята на готвачите се носеше вода или лед.
I cani vennero nutriti e per loro quello fu il momento migliore della giornata.
Кучетата бяха нахранени и това беше най-хубавата част от деня за тях.
Dopo aver mangiato il pesce, i cani si rilassarono e oziarono vicino al fuoco.
След като ядоха риба, кучетата се отпуснаха и се излежаваха близо до огъня.
Nel convoglio c'erano un centinaio di altri cani con cui socializzare.
В конвоя имаше още стотина кучета, с които можеше да се смеси.
Molti di quei cani erano feroci e pronti a combattere senza preavviso.
Много от тези кучета бяха свирепи и бързи да се бият без предупреждение.
Ma dopo tre vittorie, Buck riuscì a domare anche i combattenti più feroci.
Но след три победи, Бък овладя дори най-свирепите бойци.
Ora, quando Buck ringhiò e mostrò i denti, loro si fecero da parte.
Сега, когато Бък изръмжа и показа зъби, те се отдръпнаха.

Forse la cosa più bella di tutte era che a Buck piaceva sdraiarsi vicino al fuoco tremolante.
Може би най-хубавото от всичко беше, че Бък обичаше да лежи близо до трепкащия лагерен огън.
Si accovacciò, con le zampe posteriori ripiegate e quelle anteriori distese in avanti.
Той клекна със свити задни крака и предни, изпънати напред.
Teneva la testa sollevata e sbatteva dolcemente le palpebre verso le fiamme ardenti.
Главата му беше вдигната, докато премигваше тихо към светещите пламъци.
A volte ricordava la grande casa del giudice Miller a Santa Clara.
Понякога си спомняше голямата къща на съдия Милър в Санта Клара.
Pensò alla piscina di cemento, a Ysabel e al carlino di nome Toots.
Той си помисли за циментовия басейн, за Изабел и мопса на име Тутс.
Ma più spesso si ricordava del bastone dell'uomo con il maglione rosso.
Но по-често си спомняше за мъжа с червения пуловер.
Ricordava la morte di Curly e la sua feroce battaglia con Spitz.
Той си спомни смъртта на Кърли и ожесточената му битка със Шпиц.
Ricordava anche il buon cibo che aveva mangiato o che ancora sognava.
Той си спомни и хубавата храна, която беше ял или за която все още мечтаеше.
Buck non aveva nostalgia di casa: la valle calda era lontana e irreale.
Бък не изпитваше носталгия — топлата долина беше далечна и нереална.
I ricordi della California non avevano più alcun fascino su di lui.

Спомените за Калифорния вече не го привличаха особено.
Più forti della memoria erano gli istinti radicati nella sua stirpe.
По-силни от паметта бяха инстинктите, дълбоко заложени в кръвта му.
Le abitudini un tempo perdute erano tornate, ravvivate dal sentiero e dalla natura selvaggia.
Някога загубените навици се бяха завърнали, съживени от пътеката и дивата природа.
Mentre Buck osservava la luce del fuoco, a volte questa diventava qualcos'altro.
Докато Бък наблюдаваше светлината на огъня, тя понякога се превръщаше в нещо друго.
Vide alla luce del fuoco un altro fuoco, più vecchio e più profondo di quello attuale.
В светлината на огъня той видя друг огън, по-стар и по-дълбок от сегашния.
Accanto all'altro fuoco era accovacciato un uomo che non somigliava per niente al cuoco meticcio.
До другия огън се беше свил мъж, различен от готвача-мелез.
Questa figura aveva gambe corte, braccia lunghe e muscoli duri e contratti.
Тази фигура имаше къси крака, дълги ръце и твърди, стегнати мускули.
I suoi capelli erano lunghi e arruffati, e gli scendevano all'indietro a partire dagli occhi.
Косата му беше дълга и сплъстена, спускаща се назад от очите.
Emetteva strani suoni e fissava l'oscurità con paura.
Той издаваше странни звуци и се взираше уплашено в тъмнината.
Teneva bassa una mazza di pietra, stretta saldamente nella sua mano lunga e ruvida.
Той държеше ниско каменна тояга, здраво стисната в дългата му груба ръка.

L'uomo indossava ben poco: solo una pelle carbonizzata che gli pendeva lungo la schiena.
Мъжът носеше оскъдно облекло; само обгорена кожа, която висеше по гърба му.

Il suo corpo era ricoperto da una folta peluria sulle braccia, sul petto e sulle cosce.
Тялото му беше покрито с гъста коса по ръцете, гърдите и бедрата.

Alcune parti del pelo erano aggrovigliate e formavano chiazze di pelo ruvido.
Някои части от косата бяха преплетени на кичури груба козина.

Non stava dritto, ma era piegato in avanti dai fianchi alle ginocchia.
Той не стоеше изправен, а се наведе напред от бедрата до коленете.

I suoi passi erano elastici e felini, come se fosse sempre pronto a scattare.
Стъпките му бяха пружиниращи и котешки, сякаш винаги готов да скочи.

C'era una forte allerta, come se vivesse nella paura costante.
Имаше остра бдителност, сякаш живееше в постоянен страх.

Quest'uomo anziano sembrava aspettarsi il pericolo, indipendentemente dal fatto che questo venisse visto o meno.
Този древен мъж сякаш очакваше опасност, независимо дали опасността беше видима или не.

A volte l'uomo peloso dormiva accanto al fuoco, con la testa tra le gambe.
Понякога косматият мъж спеше край огъня, с глава, пъхната между краката.

Teneva i gomiti sulle ginocchia e le mani giunte sopra la testa.
Лактите му бяха опряни на коленете, ръцете му бяха скръстени над главата.

Come un cane, usava le sue braccia pelose per proteggersi dalla pioggia che cadeva.
Като куче той използваше косматите си ръце, за да се отърси от падащия дъжд.
Oltre la luce del fuoco, Buck vide due carboni ardenti che ardevano nell'oscurità.
Отвъд светлината на огъня Бък видя два жарава, светещи в тъмнината.
Sempre a due a due, erano gli occhi delle bestie da preda.
Винаги по двама, те бяха очите на дебнещи хищни зверове.
Sentì corpi che si infrangevano tra i cespugli e rumori provenienti dalla notte.
Той чуваше как тела се разбиват през храстите и звуци, издавани през нощта.
Sdraiato sulla riva dello Yukon, sbattendo le palpebre, Buck sognò accanto al fuoco.
Лежейки на брега на Юкон и примигвайки, Бък сънува край огъня.
Le immagini e i suoni di quel mondo selvaggio gli fecero rizzare i capelli.
Гледките и звуците на този див свят накараха косата му да настръхне.
La pelliccia gli si drizzò lungo la schiena, sulle spalle e sul collo.
Козината се надигаше по гърба му, рамената и нагоре по врата му.
Gemeva piano o emetteva un ringhio basso dal profondo del petto.
Той тихо изскимтя или изръмжа дълбоко в гърдите си.
Allora il cuoco meticcio urlò: "Ehi, Buck, svegliati!"
Тогава готвачът-метис извика: „Хей, Бък, събуди се!"
Il mondo dei sogni svanì e la vera vita tornò agli occhi di Buck.
Светът на сънищата изчезна и истинският живот се завърна в очите на Бък.

Si sarebbe alzato, si sarebbe stiracchiato e avrebbe sbadigliato, come se si fosse svegliato da un pisolino.
Щеше да стане, да се протегне и да се прозяе, сякаш се е събудил от дрямка.
Il viaggio era duro, con la slitta postale che li trascinava dietro.
Пътуването беше трудно, пощенската шейна се влачеше зад тях.
Carichi pesanti e lavoro duro sfinivano i cani ogni lunga giornata.
Тежките товари и тежката работа изтощаваха кучетата всеки дълъг ден.
Arrivarono a Dawson magro, stanco e con bisogno di più di una settimana di riposo.
Пристигнаха в Доусън измършавели, уморени и нуждаещи се от повече от седмица почивка.
Ma solo due giorni dopo ripartirono per lo Yukon.
Но само два дни по-късно те отново тръгнаха по Юкон.
Erano carichi di altre lettere dirette al mondo esterno.
Те бяха натоварени с още писма, предназначени за външния свят.
I cani erano esausti e gli uomini si lamentavano in continuazione.
Кучетата бяха изтощени, а мъжете непрекъснато се оплакваха.
Ogni giorno cadeva la neve, ammorbidendo il sentiero e rallentando le slitte.
Сняг валеше всеки ден, омекотявайки пътеката и забавяйки шейните.
Ciò rendeva la trazione più dura e aumentava la resistenza delle guide.
Това доведе до по-трудно дърпане и по-голямо съпротивление на бегачите.
Nonostante ciò, i piloti si sono dimostrati leali e hanno avuto cura delle loro squadre.
Въпреки това, пилотите бяха коректни и се грижеха за отборите си.

Ogni notte, i cani venivano nutriti prima che gli uomini mangiassero.
Всяка вечер кучетата били хранени, преди мъжете да се нахранят.
Nessun uomo dormiva prima di controllare le zampe del proprio cane.
Никой човек не е спал, преди да провери краката на собственото си куче.
Tuttavia, i cani diventavano sempre più deboli man mano che i chilometri consumavano i loro corpi.
Въпреки това, кучетата отслабваха с напредването на километрите.
Avevano viaggiato per milleottocento miglia durante l'inverno.
Бяха изминали хиляда и осемстотин мили през зимата.
Percorrevano ogni miglio di quella distanza brutale trainando le slitte.
Те теглиха шейни през всяка миля от това брутално разстояние.
Anche i cani da slitta più resistenti provano tensione dopo tanti chilometri.
Дори най-издръжливите кучета за впряг чувстват напрежение след толкова много километри.
Buck tenne duro, fece sì che la sua squadra lavorasse e mantenne la disciplina.
Бък се държеше, поддържаше екипа си в действие и поддържаше дисциплина.
Ma Buck era stanco, proprio come gli altri durante il lungo viaggio.
Но Бък беше уморен, точно както останалите по време на дългото пътуване.
Billee piagnucolava e piangeva nel sonno ogni notte, senza sosta.
Били хленчеше и плачеше насън всяка нощ без прекъсване.
Joe diventò ancora più amareggiato e Solleks rimase freddo e distante.

Джо се огорчи още повече, а Солекс остана студен и дистанциран.

Ma è stato Dave a soffrire di più di tutta la squadra.

Но Дейв пострада най-много от целия екип.

Qualcosa dentro di lui era andato storto, anche se nessuno sapeva cosa.

Нещо се беше объркало вътре в него, макар че никой не знаеше какво.

Divenne più lunatico e aggredì gli altri con rabbia crescente.

Той ставаше по-настроен и се сърдеше на другите с нарастващ гняв.

Ogni notte andava dritto al suo nido, in attesa di essere nutrito.

Всяка вечер той отиваше директно в гнездото си, чакайки да бъде нахранен.

Una volta a terra, Dave non si alzò più fino al mattino.

След като легна, Дейв не стана до сутринта.

Sulle redini, gli improvvisi strattoni o sussulti lo facevano gridare di dolore.

При юздите, внезапни потрепвания или стряскания го караха да извика от болка.

L'autista ha cercato di capirne la causa, ma non ha trovato ferite.

Шофьорът му потърси причината, но не откри никакви наранявания по него.

Tutti gli autisti cominciarono a osservare Dave e a discutere del suo caso.

Всички шофьори започнаха да наблюдават Дейв и да обсъждат неговия случай.

Parlarono durante i pasti e durante l'ultima sigaretta della giornata.

Те разговаряха по време на хранене и по време на последната си цигара за деня.

Una notte tennero una riunione e portarono Dave al fuoco.

Една вечер те проведоха събрание и доведоха Дейв до огъня.

Gli premevano e palpavano il corpo e lui gridava spesso.

Те притискаха и сондираха тялото му и той често викаше.
Era evidente che qualcosa non andava, anche se non sembrava esserci nessuna frattura.
Очевидно нещо не беше наред, въпреки че костите не изглеждаха счупени.
Quando arrivarono al Cassiar Bar, Dave stava cadendo.
Когато стигнаха до бар „Касиар", Дейв вече падаше.
Il meticcio scozzese impose uno stop e rimosse Dave dalla squadra.
Шотландският мелез обяви край на отбора и извади Дейв от него.
Fissò Solleks al posto di Dave, il più vicino possibile alla parte anteriore della slitta.
Той закрепи Солекс на мястото на Дейв, най-близо до предната част на шейната.
Voleva lasciare che Dave riposasse e corresse libero dietro la slitta in movimento.
Той възнамеряваше да остави Дейв да си почине и да тича свободно зад движещата се шейна.
Ma nonostante la malattia, Dave odiava che gli venisse tolto il lavoro che aveva ricoperto.
Но дори и болен, Дейв мразеше да го отнемат от работата, която беше заемал.
Ringhiò e piagnucolò quando gli strapparono le redini dal corpo.
Той изръмжа и изскимтя, когато юздите бяха издърпани от тялото му.
Quando vide Solleks al suo posto, pianse disperato.
Когато видя Солекс на негово място, той се разплака от съкрушена болка.
L'orgoglio per il lavoro sui sentieri era profondo in Dave, anche quando la morte si avvicinava.
Гордостта от работата по пътеките беше дълбока в Дейв, дори когато смъртта наближаваше.
Mentre la slitta si muoveva, Dave arrancava nella neve soffice vicino al sentiero.

Докато шейната се движеше, Дейв се промъкваше през мекия сняг близо до пътеката.

Attaccò Solleks, mordendolo e spingendolo giù dal lato della slitta.

Той нападна Солекс, хапейки го и бутвайки го от страната на шейната.

Dave cercò di saltare nell'imbracatura e di riprendersi il suo posto di lavoro.

Дейв се опита да скочи в сбруята и да си върне работното място.

Lui guaiva, si lamentava e piangeva, diviso tra il dolore e l'orgoglio del parto.

Той викаше, хленчеше и плачеше, разкъсван между болката и гордостта от труда.

Il meticcio usò la frusta per cercare di allontanare Dave dalla squadra.

Метисът използва камшика си, за да се опита да прогони Дейв от отбора.

Ma Dave ignorò la frustata e l'uomo non riuscì a colpirlo più forte.

Но Дейв игнорира удара с камшик и мъжът не можа да го удари по-силно.

Dave rifiutò il sentiero più facile dietro la slitta, dove la neve era compatta.

Дейв отказа по-лесния път зад шейната, където беше утъпкан сняг.

Invece, si ritrovò a lottare nella neve profonda, ai lati del sentiero, in preda alla miseria.

Вместо това, той се мъчеше в дълбокия сняг край пътеката, в мизерия.

Alla fine Dave crollò, giacendo sulla neve e urlando di dolore.

Накрая Дейв се срина, легна в снега и виеше от болка.

Lanciò un grido mentre la lunga fila di slitte gli passava accanto una dopo l'altra.

Той извика, когато дългата колона от шейни го подмина една по една.

Tuttavia, con le poche forze che gli rimanevano, si alzò e barcollò dietro di loro.
Все пак, с останалите сили, той се изправи и се препъна след тях.
Quando il treno si fermò di nuovo, lo raggiunse e trovò la sua vecchia slitta.
Той настигна, когато влакът спря отново, и намери старата си шейна.
Superò con difficoltà le altre squadre e tornò a posizionarsi accanto a Solleks.
Той се промъкна покрай другите отбори и отново застана до Солекс.
Mentre l'autista si fermava per accendere la pipa, Dave colse l'ultima occasione.
Докато шофьорът спираше, за да запали лулата си, Дейв се възползва от последния си шанс.
Quando l'autista tornò e urlò, la squadra non avanzò.
Когато шофьорът се върна и извика, екипът не продължи напред.
I cani avevano girato la testa, confusi dall'improvviso arresto.
Кучетата бяха обърнали глави, объркани от внезапното спиране.
Anche il conducente era scioccato: la slitta non si era mossa di un centimetro in avanti.
Шофьорът също беше шокиран — шейната не се беше помръднала нито сантиметър напред.
Chiamò gli altri perché venissero a vedere cosa era successo.
Той извика останалите да дойдат и да видят какво се е случило.
Dave aveva masticato le redini di Solleks, spezzandole entrambe.
Дейв беше прегризал юздите на Солекс, счупвайки и двете.
Ora era di nuovo in piedi davanti alla slitta, nella sua giusta posizione.

Сега той стоеше пред шейната, отново на полагащото му се място.

Dave alzò lo sguardo verso l'autista, implorandolo silenziosamente di restare al passo.

Дейв погледна нагоре към шофьора, мълчаливо го умолявайки да не се отклонява от пътя.

L'autista era perplesso e non sapeva cosa fare per il cane in difficoltà.

Шофьорът беше озадачен, несигурен какво да направи с борещото се куче.

Gli altri uomini parlavano di cani morti perché li avevano portati fuori.

Другите мъже говореха за кучета, които бяха умрели, след като бяха изведени навън.

Raccontavano di cani vecchi o feriti il cui cuore si era spezzato quando erano stati abbandonati.

Те разказваха за стари или ранени кучета, чиито сърца се късаха, когато ги оставиха.

Concordarono che era un atto di misericordia lasciare che Dave morisse mentre era ancora imbrigliato.

Те се съгласиха, че е милост да оставят Дейв да умре, докато е още в сбруята си.

Fu rimesso in sicurezza sulla slitta e Dave tirò con orgoglio.

Той беше завързан обратно за шейната и Дейв я теглеше с гордост.

Anche se a volte gridava, lavorava come se il dolore potesse essere ignorato.

Въпреки че понякога викаше, той работеше така, сякаш болката можеше да бъде игнорирана.

Più di una volta cadde e fu trascinato prima di rialzarsi.

Неведнъж падаше и беше влачен, преди да се изправи отново.

A un certo punto la slitta gli rotolò addosso e da quel momento in poi zoppicò.

Веднъж шейната се преобърна върху него и от този момент нататък той накуцваше.

Nonostante ciò, lavorò finché non raggiunse l'accampamento e poi si sdraiò accanto al fuoco.
Въпреки това той работеше, докато стигна до лагера, а след това легна край огъня.
Al mattino Dave era troppo debole per muoversi o anche solo per stare in piedi.
До сутринта Дейв беше твърде слаб, за да пътува или дори да стои изправен.
Al momento di allacciare l'imbracatura, cercò di raggiungere il suo autista con sforzi tremanti.
В момента, в който се впрягаше, той се опита да стигне до шофьора си с трепереещо усилие.
Si sforzò di rialzarsi, barcollò e crollò sul terreno innevato.
Той се насили да се изправи, олюля се и се строполи на заснежената земя.
Utilizzando le zampe anteriori, trascinò il suo corpo verso la zona dell'imbracatura.
Използвайки предните си крака, той завлачи тялото си към мястото за впрягане.
Si fece avanti, centimetro dopo centimetro, verso i cani da lavoro.
Той се придвижваше напред, сантиметър по сантиметър, към работещите кучета.
Le forze gli cedettero, ma continuò a muoversi nel suo ultimo disperato tentativo.
Силите му напуснаха, но той продължи да се движи в последния си отчаян тласък.
I suoi compagni di squadra lo videro ansimare nella neve, ancora desideroso di unirsi a loro.
Съотборниците му го видяха да се задъхва в снега, все още копнеещ да се присъедини към тях.
Lo sentirono urlare di dolore mentre si lasciavano alle spalle l'accampamento.
Чуха го да вие от тъга, когато напускаха лагера.
Mentre la squadra svaniva tra gli alberi, il grido di Dave risuonava dietro di loro.

Докато екипът изчезваше сред дърветата, викът на Дейв отекваше зад тях.

Il treno delle slitte si fermò brevemente dopo aver attraversato un tratto di fiume ricco di boschi.

Влакчето с шейни спря за кратко, след като прекоси ивица речна гора.

Il meticcio scozzese tornò lentamente verso l'accampamento alle sue spalle.

Шотландският мелез бавно се върна към лагера отзад.

Gli uomini smisero di parlare quando lo videro scendere dal treno delle slitte.

Мъжете млъкнаха, когато го видяха да напуска шейната.

Poi un singolo colpo di pistola risuonò chiaro e netto attraverso il sentiero.

Тогава един-единствен изстрел проехтя ясно и остро по пътеката.

L'uomo tornò rapidamente e prese il suo posto senza dire una parola.

Мъжът се върна бързо и зае мястото си безмълвно.

Le fruste schioccavano, i campanelli tintinnavano e le slitte avanzavano sulla neve.

Камшици пращяха, звънци звъняха и шейните се търкаляха през снега.

Ma Buck sapeva cosa era successo, come tutti gli altri cani.

Но Бък знаеше какво се е случило — както и всяко друго куче.

La fatica delle redini e del sentiero
Трудът на юздите и пътеката

Trenta giorni dopo aver lasciato Dawson, la Salt Water Mail raggiunse Skaguay.
Тридесет дни след като напусна Доусън, пощата на Солената вода пристигна в Скагуей.
Buck e i suoi compagni di squadra presero il comando e arrivarono in condizioni pietose.
Бък и съотборниците му поведоха, пристигайки в окаяно състояние.
Buck era sceso da 140 a 150 chili.
Бък беше свалил от сто четиридесет на сто и петнадесет паунда.
Gli altri cani, sebbene più piccoli, avevano perso ancora più peso corporeo.
Другите кучета, макар и по-дребни, бяха загубили още повече телесно тегло.
Pike, che una volta zoppicava fingendo, ora trascinava dietro di sé una gamba veramente ferita.
Пайк, някога фалшив куц, сега влачеше зад себе си наистина контузения си крак.
Solleks zoppicava gravemente e Dub aveva una scapola slogata.
Солекс куцаше силно, а Дъб имаше изкълчена лопатка.
Tutti i cani del team avevano i piedi doloranti a causa delle settimane trascorse sul sentiero ghiacciato.
Всяко куче в екипа имаше болки в краката от седмиците по замръзналата пътека.
Non avevano più slancio nei loro passi, solo un movimento lento e trascinato.
В стъпките им не остана никаква еластичност, само бавно, влачещо се движение.
I loro piedi colpivano il sentiero con forza e ogni passo aggiungeva ulteriore sforzo al loro corpo.
Краката им стъпваха силно по пътеката, всяка стъпка добавяше все повече напрежение към телата им.

Non erano malati, erano solo stremati oltre ogni possibile guarigione naturale.
Те не бяха болни, а само изтощени до невъзстановимост.
Non si trattava della stanchezza di una giornata faticosa, curata con una notte di riposo.
Това не беше умора от един тежък ден, излекувана с нощна почивка.
Era una stanchezza accumulata lentamente attraverso mesi di sforzi estenuanti.
Това беше изтощение, натрупвано бавно в продължение на месеци на изтощителни усилия.
Non era rimasta alcuna riserva di forze: avevano esaurito ogni energia a loro disposizione.
Не им останаха никакви резервни сили — бяха изразходвали всичко, което имаха.
Ogni muscolo, fibra e cellula del loro corpo era consumato e usurato.
Всеки мускул, влакно и клетка в телата им бяха изтощени и износени.
E c'era un motivo: avevano percorso duemilacinquecento miglia.
И имаше причина — бяха изминали двеста и петстотин мили.
Si erano riposati solo cinque giorni durante le ultime milleottocento miglia.
Бяха си починали само пет дни през последните хиляда и осемстотин мили.
Quando giunsero a Skaguay, sembrava che riuscissero a malapena a stare in piedi.
Когато стигнаха до Скагуей, те изглеждаха едва способни да стоят прави.
Facevano fatica a tenere le redini strette e a restare davanti alla slitta.
Те се мъчеха да държат юздите здраво и да останат пред шейната.
Nei pendii in discesa riuscivano solo a evitare di essere investiti.

По спускащите се склонове те успяваха само да избегнат да бъдат прегазени.

"Continuate a marciare, poveri piedi doloranti", disse l'autista mentre zoppicavano.

„Маршвайте напред, горките ви крака с болки в краката", каза шофьорът, докато куцаха напред.

"Questo è l'ultimo tratto, poi ci prenderemo tutti un lungo riposo, di sicuro."

„Това е последният участък, след което всички ще си починем по една дълга почивка, със сигурност."

"Un riposo davvero lungo", promise, guardandoli barcollare in avanti.

„Една наистина дълга почивка", обеща той, докато ги наблюдаваше как се олюляват напред.

Gli autisti si aspettavano una lunga e necessaria pausa.

Шофьорите очакваха, че сега ще получат дълга и необходима почивка.

Avevano percorso milleduecento miglia con solo due giorni di riposo.

Бяха изминали хиляда и двеста мили само с два дни почивка.

Per correttezza e ragione, ritenevano di essersi guadagnati un po' di tempo per rilassarsi.

Справедливостта и разумът бяха достатъчни, за да смятат, че са си заслужили време за почивка.

Ma troppi erano giunti nel Klondike e troppo pochi erano rimasti a casa.

Но твърде много бяха дошли в Клондайк и твърде малко бяха останали вкъщи.

Le lettere delle famiglie continuavano ad arrivare, creando pile di posta in ritardo.

Писма от семейства заливаха, създавайки купища закъсняла поща.

Arrivarono gli ordini ufficiali: i nuovi cani della Hudson Bay avrebbero preso il sopravvento.

Пристигнаха официални заповеди — нови кучета от залива Хъдсън щяха да поемат контрола.

I cani esausti, ormai considerati inutili, dovevano essere eliminati.

Изтощените кучета, вече наричани безполезни, трябвало да бъдат унищожени.

Poiché i soldi erano più importanti dei cani, venivano venduti a basso prezzo.

Тъй като парите имаха по-голямо значение от кучетата, те щяха да бъдат продадени евтино.

Passarono altri tre giorni prima che i cani si accorgessero di quanto fossero deboli.

Минаха още три дни, преди кучетата да усетят колко са слаби.

La quarta mattina, due uomini provenienti dagli Stati Uniti acquistarono l'intera squadra.

На четвъртата сутрин двама мъже от Щатите купиха целия отбор.

La vendita comprendeva tutti i cani e le loro imbracature usate.

Продажбата включваше всички кучета, плюс износената им екипировка за хамути.

Mentre concludevano l'affare, gli uomini si chiamavano tra loro "Hal" e "Charles".

Мъжете се наричаха един друг „Хал" и „Чарлз", докато сключваха сделката.

Charles era un uomo di mezza età, pallido, con labbra molli e folti baffi.

Чарлз беше на средна възраст, блед, с отпуснати устни и буйни върхове на мустаци.

Hal era un giovane, forse diciannove anni, che indossava una cintura imbottita di cartucce.

Хал беше млад мъж, може би деветнадесетгодишен, носещ колан с патрони.

Nella cintura erano contenuti un grosso revolver e un coltello da caccia, entrambi inutilizzati.

На колана имаше голям револвер и ловджийски нож, и двата неизползвани.

Dimostrava quanto fosse inesperto e inadatto alla vita nel Nord.
Това показваше колко неопитен и негоден е бил за северния живот.

Nessuno dei due uomini viveva in natura; la loro presenza sfidava ogni ragionevolezza.
Нито един от двамата не принадлежеше към дивата природа; присъствието им не се поддаваше на всякакъв разум.

Buck osservava lo scambio di denaro tra l'acquirente e l'agente.
Бък наблюдаваше как парите се разменят между купувач и агент.

Sapeva che i conducenti dei treni postali stavano abbandonando la sua vita come tutti gli altri.
Той знаеше, че машинистите на пощенските влакове напускат живота му като всички останали.

Seguirono Perrault e François, ormai scomparsi.
Те последваха Перо и Франсоа, вече изчезнали от паметта им.

Buck e la squadra vennero condotti al disordinato accampamento dei loro nuovi proprietari.
Бък и екипът бяха отведени до небрежния лагер на новите им собственици.

La tenda cedeva, i piatti erano sporchi e tutto era in disordine.
Палатката беше провиснала, чиниите бяха мръсни и всичко лежеше в безпорядък.

Anche Buck notò una donna lì: Mercedes, moglie di Charles e sorella di Hal.
Бък забеляза и жена там — Мерседес, съпругата на Чарлз и сестрата на Хал.

Formavano una famiglia completa, anche se erano tutt'altro che adatti al sentiero.
Те бяха пълноценно семейство, макар и далеч неподходящо за пътеката.

Buck osservava nervosamente mentre il trio iniziava a impacchettare le provviste.
Бък наблюдаваше нервно как триото започва да опакова провизиите.
Lavoravano duro ma senza ordine, solo confusione e sforzi sprecati.
Работеха усилено, но без ред — само суета и пропилени усилия.
La tenda era arrotolata fino a formare una sagoma ingombrante, decisamente troppo grande per la slitta.
Палатката беше навита в обемиста форма, твърде голяма за шейната.
I piatti sporchi venivano imballati senza essere stati né lavati né asciugati.
Мръсните чинии бяха опаковани, без изобщо да бъдат почистени или подсушени.
Mercedes svolazzava in giro, parlando, correggendo e intromettendosi in continuazione.
Мерседес се суетеше наоколо, непрекъснато говореше, поправяше и се месеше.
Quando le misero un sacco davanti, lei insistette perché lo mettesse dietro.
Когато отпред сложиха чувал, тя настоя да го сложат и отзад.
Mise il sacco in fondo e un attimo dopo ne ebbe bisogno.
Тя прибра чувала на дъното и в следващия момент й потрябваше.
Quindi la slitta venne disimballata di nuovo per raggiungere quella specifica borsa.
И така, шейната беше разопакована отново, за да стигне до една-единствена чанта.
Lì vicino, tre uomini stavano fuori da una tenda e osservavano la scena che si svolgeva.
Наблизо трима мъже стояха пред палатка и наблюдаваха разгръщащата се сцена.
Sorrisero, ammiccarono e sogghignarono di fronte all'evidente confusione dei nuovi arrivati.

Те се усмихнаха, намигнаха и се ухилиха на очевидното объркване на новодошлите.

"Hai già un carico parecchio pesante", disse uno degli uomini.

— Вече имаш доста тежък товар — каза един от мъжете.

"Non credo che dovresti portare quella tenda, ma la scelta è tua."

„Не мисля, че трябва да носиш тази палатка, но това е твой избор."

"Impensabile!" esclamò Mercedes, alzando le mani in segno di disperazione.

„Несъзнаваемо!" – извика Мерседес и вдигна отчаяно ръце.

"Come potrei viaggiare senza una tenda sotto cui dormire?"

„Как бих могъл да пътувам без палатка, под която да спя?"

«È primavera, non vedrai più il freddo», rispose l'uomo.

„Пролет е — няма да видиш отново студено време", отвърна мъжът.

Ma lei scosse la testa e loro continuarono ad accumulare oggetti sulla slitta.

Но тя поклати глава, а те продължиха да трупат предмети върху шейната.

Il carico era pericolosamente alto mentre aggiungevano gli ultimi oggetti.

Товарът се извисяваше опасно високо, докато добавяха последните неща.

"Pensi che la slitta andrà avanti?" chiese uno degli uomini con aria scettica.

— Мислиш ли, че шейната ще се движи? — попита един от мъжете със скептичен поглед.

"E perché non dovrebbe?" ribatté Charles con netto fastidio.

— Защо не? — отвърна сопнато Чарлз с остро раздразнение.

"Oh, va bene", disse rapidamente l'uomo, evitando di offendersi.

— О, всичко е наред — каза бързо мъжът, отдръпвайки се от обидата.

"Mi chiedevo solo: mi sembrava un po' troppo pesante nella parte superiore."

„Просто се чудех — на мен ми се стори малко прекалено тежко отгоре."

Charles si voltò e legò il carico meglio che poté.

Чарлз се обърна и завърза товара, колкото можеше по-добре.

Ma le legature erano allentate e l'imballaggio nel complesso era fatto male.

Но въжетата бяха хлабави и опаковането като цяло беше лошо направено.

"Certo, i cani tireranno così tutto il giorno", disse sarcasticamente un altro uomo.

„Разбира се, кучетата ще дърпат това цял ден", каза саркастично друг мъж.

«Certamente», rispose Hal freddamente, afferrando il lungo timone della slitta.

— Разбира се — отвърна студено Хал и сграбчи дългия прът за впрягване на шейната.

Tenendo una mano sul palo, faceva roteare la frusta nell'altra.

С едната си ръка на пръта, той замахна с камшика в другата.

"Andiamo!" urlò. "Muovetevi!", incitando i cani a partire.

„Хайде да тръгваме!", извика той. „Дръпнете се!", подканяйки кучетата да тръгнат.

I cani si appoggiarono all'imbracatura e si sforzarono per qualche istante.

Кучетата се наведеха в хамута и се напрягаха няколко мига.

Poi si fermarono, incapaci di spostare di un centimetro la slitta sovraccarica.

После спряха, неспособни да помръднат претоварената шейна и сантиметър.

"Quei fannulloni!" urlò Hal, alzando la frusta per colpirli.

„Мързеливите зверове!" – извика Хал и вдигна камшика, за да ги удари.

Ma Mercedes si precipitò dentro e strappò la frusta dalle mani di Hal.
Но Мерседес се втурна и грабна камшика от ръцете на Хал.
«Oh, Hal, non osare far loro del male», gridò allarmata.
— О, Хал, не смей да ги нараниш — извика тя разтревожено.
"Promettimi che sarai gentile con loro, altrimenti non farò un altro passo."
„Обещай ми, че ще бъдеш мил с тях, иначе няма да направя нито крачка повече."
"Non sai niente di cani", scattò Hal contro la sorella.
— Ти не разбираш нищо от кучета — сопна се Хал на сестра си.
"Sono pigri e l'unico modo per smuoverli è frustarli."
„Те са мързеливи и единственият начин да ги преместиш е да ги биеш с камшик."
"Chiedi a chiunque, chiedi a uno di quegli uomini laggiù se dubiti di me."
„Попитай когото и да е — попитай някой от онези мъже там, ако се съмняваш в мен."
Mercedes guardò gli astanti con occhi imploranti e pieni di lacrime.
Мерседес погледна минувачите с умоляващи, насълзени очи.
Il suo viso rivelava quanto odiasse la vista di qualsiasi dolore.
Лицето й показваше колко дълбоко мрази гледката на каквато и да е болка.
"Sono deboli, tutto qui", ha detto un uomo. "Sono sfiniti."
„Слаби са, това е всичко", каза един мъж. „Изтощени са."
"Hanno bisogno di riposare: hanno lavorato troppo a lungo senza una pausa."
„Те имат нужда от почивка — работили са твърде дълго без почивка."
«Che il resto sia maledetto», borbottò Hal arricciando il labbro.

— Проклет да е останалото — промърмори Хал със свита устна.

Mercedes sussultò, visibilmente addolorata per le parole volgari pronunciate da lui.

Мерседес ахна, очевидно наранена от грубата дума от негова страна.

Ciononostante, lei rimase leale e difese immediatamente il fratello.

Въпреки това, тя остана лоялна и веднага защити брат си.

"Non badare a quell'uomo", disse ad Hal. "Sono i nostri cani."

— Не обръщай внимание на този човек — каза тя на Хал. — Това са нашите кучета.

"Li guidi come meglio credi: fai ciò che ritieni giusto."

„Караш ги както намериш за добре — прави това, което смяташ за правилно."

Hal sollevò la frusta e colpì di nuovo i cani senza pietà.

Хал вдигна камшика и отново удари кучетата безмилостно.

Si lanciarono in avanti, con i corpi bassi e i piedi che affondavano nella neve.

Те се хвърлиха напред, телата им бяха ниско приведени, краката им забиха в снега.

Tutta la loro forza era concentrata nel traino, ma la slitta non si muoveva.

Цялата им сила беше вложена в дърпането, но шейната не се движеше.

La slitta rimase bloccata, come un'ancora congelata nella neve compatta.

Шейната остана заседнала като котва, замръзнала в утъпкания сняг.

Dopo un secondo tentativo, i cani si fermarono di nuovo, ansimando forte.

След втори опит кучетата отново спряха, задъхани тежко.

Hal sollevò di nuovo la frusta, proprio mentre Mercedes interferiva di nuovo.

Хал вдигна камшика още веднъж, точно когато Мерседес отново се намеси.

Si lasciò cadere in ginocchio davanti a Buck e gli abbracciò il collo.

Тя падна на колене пред Бък и го прегърна през врата.

Le lacrime le riempivano gli occhi mentre implorava il cane esausto.

Сълзи напълниха очите й, докато умоляваше изтощеното куче.

"Poveri cari", disse, "perché non tirate più forte?"

„Горките ми момичета", каза тя, „защо просто не дърпате по-силно?"

"Se tiri, non verrai frustato così."

„Ако дърпаш, няма да те бият така."

A Buck non piaceva Mercedes, ma ormai era troppo stanco per resisterle.

Бък не харесваше Мерседес, но беше твърде уморен, за да й се съпротивлява сега.

Lui accettò le sue lacrime come se fossero solo un'altra parte di quella giornata miserabile.

Той прие сълзите й просто като още една част от нещастния ден.

Uno degli uomini che osservavano, dopo aver represso la rabbia, finalmente parlò.

Един от наблюдаващите мъже най-накрая проговори, след като сдържа гнева си.

"Non mi interessa cosa succede a voi, ma quei cani sono importanti."

„Не ме интересува какво ще се случи с вас, хора, но тези кучета са важни."

"Se vuoi aiutare, stacca quella slitta: è ghiacciata e innevata."

„Ако искаш да помогнеш, скъсай шейната — замръзнала е до снега."

"Spingi con forza il palo della luce, a destra e a sinistra, e rompi il sigillo di ghiaccio."

„Натисни силно пръта, надясно и наляво, и счупи ледения печат."

Fu fatto un terzo tentativo, questa volta seguendo il suggerimento dell'uomo.
Направен е трети опит, този път по предложение на мъжа.
Hal fece oscillare la slitta da una parte all'altra, facendo staccare i pattini.
Хал разклати шейната от едната страна на другата, освобождавайки плъзгачите.
La slitta, benché sovraccarica e scomoda, alla fine sobbalzò in avanti.
Шейната, макар и претоварена и тромава, най-накрая се залюля напред.
Buck e gli altri tirarono selvaggiamente, spinti da una tempesta di frustate.
Бък и останалите дърпаха бясно, подтиквани от порой от камшични удари.
Un centinaio di metri più avanti, il sentiero curvava e scendeva in pendenza verso la strada.
На стотина метра напред пътеката се извиваше и слизаше наклонено към улицата.
Ci sarebbe voluto un guidatore esperto per tenere la slitta in posizione verticale.
Щеше да е нужен умел шофьор, за да държи шейната изправена.
Hal non era abile e la slitta si ribaltò mentre svoltava.
Хал не беше умел и шейната се преобърна, докато се завърташе зад завоя.
Le cinghie allentate cedettero e metà del carico si rovesciò sulla neve.
Разхлабените въжета се скъсаха и половината товар се изсипа върху снега.
I cani non si fermarono; la slitta più leggera continuò a procedere su un fianco.
Кучетата не спряха; по-леката шейна полетя настрани.
I cani, furiosi per i maltrattamenti e per il peso del carico, corsero più veloci.

Ядосани от малтретирането и тежкото бреме, кучетата хукнаха да бягат по-бързо.
Buck, infuriato, si lanciò a correre, seguito dalla squadra.
Бък, разярен, се втурна да бяга, а впрягът го следваше.
Hal urlò "Whoa! Whoa!" ma la squadra non gli prestò attenzione.
Хал извика „Уау! Уау!", но екипът не му обърна внимание.
Inciampò, cadde e fu trascinato a terra dall'imbracatura.
Той се спъна, падна и беше влачен по земята от сбруята.
La slitta rovesciata lo travolse mentre i cani continuavano a correre avanti.
Преобърнатата шейна го прегази, докато кучетата препускаха напред.
Il resto delle provviste è sparso lungo la trafficata strada di Skaguay.
Останалите провизии се разпръснаха по оживената улица на Скагуей.
Le persone di buon cuore si precipitarono a fermare i cani e a raccogliere l'attrezzatura.
Добросърдечни хора се втурнаха да спрат кучетата и да съберат екипировката.
Diedero anche consigli schietti e pratici ai nuovi viaggiatori.
Те също така дадоха съвети, директни и практични, на новите пътешественици.
"Se vuoi raggiungere Dawson, prendi metà del carico e raddoppia i cani."
„Ако искаш да стигнеш до Доусън, вземи половината товар и удвои кучетата."
Hal, Charles e Mercedes ascoltarono, anche se non con entusiasmo.
Хал, Чарлз и Мерседес слушаха, макар и не с ентусиазъм.
Montarono la tenda e cominciarono a sistemare le loro provviste.
Те опънаха палатката си и започнаха да сортират провизиите си.
Ne uscirono dei cibi in scatola, che fecero ridere a crepapelle gli astanti.

Излязоха консервирани продукти, което накара минувачите да се смеят на глас.

"Roba in scatola sul sentiero? Morirai di fame prima che si sciolga", disse uno.

„Консерви по пътеката? Ще умреш от глад, преди да се разтопят", каза единият.

"Coperte d'albergo? Meglio buttarle via tutte."

„Хотелски одеяла? По-добре е да ги изхвърлите всичките."

"Togli anche la tenda e qui nessuno laverà più i piatti."

„Зарежи и палатката, и никой няма да мие чинии тук."

"Pensi di viaggiare su un treno Pullman con dei servitori a bordo?"

„Мислите, че се возите във влак „Пулман" със слуги на борда?"

Il processo ebbe inizio: ogni oggetto inutile venne gettato da parte.

Процесът започна — всеки безполезен предмет беше изхвърлен настрани.

Mercedes pianse quando le sue borse furono svuotate sul terreno innevato.

Мерседес се разплака, когато багажът й беше изпразнен върху заснежената земя.

Singhiozzava per ogni oggetto buttato via, uno per uno, senza sosta.

Тя ридаеше над всеки изхвърлен предмет, един по един, без да спира.

Giurò di non fare un altro passo, nemmeno per dieci Charles.

Тя се закле да не прави нито крачка повече — дори за десет Чарлза.

Pregò ogni persona vicina di lasciarle conservare le sue cose preziose.

Тя умоляваше всеки човек наблизо да й позволи да запази ценните си вещи.

Alla fine si asciugò gli occhi e cominciò a gettare via anche i vestiti più importanti.

Накрая тя избърса очите си и започна да хвърля дори най-важните дрехи.
Una volta terminato il suo, cominciò a svuotare le scorte degli uomini.
Когато приключи със своите, тя започна да изпразва запасите на мъжете.
Come un turbine, fece a pezzi gli effetti personali di Charles e Hal.
Като вихрушка тя разкъса вещите на Чарлз и Хал.
Sebbene il carico fosse dimezzato, era comunque molto più pesante del necessario.
Въпреки че товарът беше намален наполовина, той все още беше много по-тежък от необходимото.
Quella notte, Charles e Hal uscirono e comprarono sei nuovi cani.
Същата вечер Чарлз и Хал излязоха и купиха шест нови кучета.
Questi nuovi cani si unirono ai sei originali, più Teek e Koona.
Тези нови кучета се присъединиха към първоначалните шест, плюс Тийк и Куна.
Insieme formarono una squadra di quattordici cani attaccati alla slitta.
Заедно те образуваха впряг от четиринадесет кучета, впрегнати в шейната.
Ma i nuovi cani erano inadatti e poco addestrati per il lavoro con la slitta.
Но новите кучета бяха негодни и лошо обучени за работа с шейна.
Tre dei cani erano cani da caccia a pelo corto, mentre uno era un Terranova.
Три от кучетата бяха късокосмести пойнтерки, а едно беше нюфаундленд.
Gli ultimi due cani erano meticci senza alcuna razza o scopo ben definito.
Последните две кучета бяха песове без ясна порода или предназначение.

Non capivano il percorso e non lo imparavano in fretta.
Те не разбираха пътеката и не я научиха бързо.
Buck e i suoi compagni li osservavano con disprezzo e profonda irritazione.
Бък и приятелите му ги наблюдаваха с презрение и дълбоко раздразнение.
Sebbene Buck insegnasse loro cosa non fare, non poteva insegnare loro il dovere.
Въпреки че Бък ги учеше какво да не правят, той не можеше да ги учи на дълг.
Non amavano la vita sui sentieri né la trazione delle redini e delle slitte.
Те не понасяха добре тегленето на влачени тегления или тегленето на юзди и шейни.
Soltanto i bastardi cercarono di adattarsi, e anche a loro mancava lo spirito combattivo.
Само мелезите се опитаха да се адаптират, но дори и на тях им липсваше боен дух.
Gli altri cani erano confusi, indeboliti e distrutti dalla loro nuova vita.
Другите кучета бяха объркани, отслабени и съсипани от новия си живот.
Con i nuovi cani all'oscuro e i vecchi esausti, la speranza era flebile.
С новите кучета безпомощни и старите изтощени, надеждата беше слаба.
La squadra di Buck aveva percorso duemilacinquecento miglia di sentiero accidentato.
Екипът на Бък беше изминал двеста и петстотин мили по суров път.
Ciononostante, i due uomini erano allegri e orgogliosi della loro grande squadra di cani.
Въпреки това двамата мъже бяха весели и горди с големия си кучешки впряг.
Pensavano di viaggiare con stile, con quattordici cani al seguito.

Те си мислеха, че пътуват със стил, с четиринадесет вързани кучета.
Avevano visto delle slitte partire per Dawson e altre arrivarne.
Бяха видели шейни да тръгват за Доусън, а други да пристигат оттам.
Ma non ne avevano mai vista una trainata da ben quattordici cani.
Но никога не бяха виждали такова, теглено от четиринадесет кучета.
C'era un motivo per cui squadre del genere erano rare nelle terre selvagge dell'Artico.
Имаше причина подобни екипи да са рядкост в арктическата пустош.
Nessuna slitta poteva trasportare cibo sufficiente a sfamare quattordici cani per l'intero viaggio.
Никаква шейна не би могла да превози достатъчно храна, за да нахрани четиринадесет кучета за пътуването.
Ma Charles e Hal non lo sapevano: avevano fatto i calcoli.
Но Чарлз и Хал не знаеха това — те бяха направили сметките.
Hanno pianificato la razione di cibo: una certa quantità per cane, per un certo numero di giorni, fatta.
Те начертаха храната: толкова на куче, толкова дни, готово.
Mercedes guardò i numeri e annuì come se avessero senso.
Мерседес погледна цифрите им и кимна, сякаш имаше смисъл.
Tutto le sembrava molto semplice, almeno sulla carta.
Всичко ѝ се струваше много просто, поне на хартия.

La mattina seguente, Buck guidò lentamente la squadra lungo la strada innevata.
На следващата сутрин Бък бавно поведе впряга по заснежената улица.
Non c'era né energia né spirito in lui e nei cani dietro di lui.
Нямаше нито енергия, нито дух нито в него, нито в кучетата зад него.

Erano stanchi morti fin dall'inizio: non avevano più riserve.
Бяха смъртно уморени от самото начало — нямаше никакъв резерв.
Buck aveva già fatto quattro viaggi tra Salt Water e Dawson.
Бък вече беше направил четири пътувания между Солт Уотър и Доусън.
Ora, di fronte alla stessa pista, non provava altro che amarezza.
Сега, изправен отново пред същия път, той не чувстваше нищо друго освен горчивина.
Il suo cuore non c'era, e nemmeno quello degli altri cani.
Неговото сърце не беше в това, нито пък сърцата на другите кучета.
I nuovi cani erano timidi e gli husky non si fidavano per niente.
Новите кучета бяха плахи, а хъскитата им липсваше всякакво доверие.
Buck capì che non poteva fare affidamento su quei due uomini o sulla loro sorella.
Бък усещаше, че не може да разчита на тези двама мъже или на сестра им.
Non sapevano nulla e non mostravano alcun segno di apprendimento lungo il percorso.
Те не знаеха нищо и не показваха никакви признаци, че се учат по пътеката.
Erano disorganizzati e privi di qualsiasi senso di disciplina.
Те бяха неорганизирани и им липсваше всякакво чувство за дисциплина.
Ogni volta impiegavano metà della notte per allestire un accampamento malmesso.
Всеки път им отнемаше половин нощ, за да разпънат небрежния лагер.
E metà della mattina successiva la trascorsero di nuovo armeggiando con la slitta.
И половината от следващата сутрин отново прекараха в игра с шейната.

Spesso a mezzogiorno si fermavano solo per sistemare il carico irregolare.
Към обяд те често спираха само за да оправят неравномерния товар.
In alcuni giorni percorsero meno di dieci miglia in totale.
В някои дни те изминаваха общо по-малко от десет мили.
Altri giorni non riuscivano proprio ad abbandonare l'accampamento.
В други дни изобщо не успяваха да напуснат лагера.
Non sono mai riusciti a coprire la distanza alimentare prevista.
Те така и не се доближиха до покриването на планираното разстояние за храна.
Come previsto, il cibo per i cani finì molto presto.
Както се очакваше, храната за кучетата им свърши много бързо.
Nei primi tempi hanno peggiorato ulteriormente la situazione con l'eccesso di cibo.
Те влошиха нещата, като прехранваха в началото.
Ciò rendeva la carestia sempre più vicina, con ogni razione disattenta.
Това приближаваше глада с всяка небрежна дажба.
I nuovi cani non avevano ancora imparato a sopravvivere con molto poco.
Новите кучета не се бяха научили да оцеляват с много малко храна.
Mangiarono avidamente, con un appetito troppo grande per il sentiero.
Те ядяха гладно, с апетит, твърде голям за пътеката.
Vedendo i cani indebolirsi, Hal pensò che il cibo non fosse sufficiente.
Виждайки как кучетата отслабват, Хал повярва, че храната не е достатъчна.
Raddoppiò le razioni, peggiorando ulteriormente l'errore.
Той удвои дажбите, с което направи грешката още по-лоша.

Mercedes aggravò il problema con le sue lacrime e le sue suppliche sommesse.
Мерседес допълнително задълбочи проблема със сълзи и тихи молби.

Quando non riuscì a convincere Hal, diede da mangiare ai cani di nascosto.
Когато не успя да убеди Хал, тя тайно нахрани кучетата.

Rubò il pesce dai sacchi e glielo diede alle spalle.
Тя открадна от чувалите с риба и им я даде зад гърба му.

Ma ciò di cui i cani avevano veramente bisogno non era altro cibo: era riposo.
Но това, от което кучетата наистина се нуждаеха, не беше повече храна, а почивка.

Nonostante la loro scarsa velocità, la pesante slitta continuava a procedere.
Движеха се слабо, но тежката шейна все още се влачеше.

Quel peso da solo esauriva ogni giorno le loro forze rimanenti.
Само тази тежест изтощаваше останалите им сили всеки ден.

Poi arrivò la fase della sottoalimentazione, quando le scorte scarseggiavano.
След това дойде етапът на недохранване, тъй като запасите свършиха.

Una mattina Hal si accorse che metà del cibo per cani era già finito.
Една сутрин Хал осъзна, че половината кучешка храна вече е свършила.

Avevano percorso solo un quarto della distanza totale del sentiero.
Бяха изминали само една четвърт от общото разстояние на пътеката.

Non si poteva più comprare cibo, a qualunque prezzo.
Не можеше да се купи повече храна, независимо каква цена се предлагаше.

Ridusse le porzioni dei cani al di sotto della razione giornaliera standard.

Той намали порциите на кучетата под стандартната дневна дажба.

Allo stesso tempo, chiese di viaggiare più a lungo per compensare la perdita.

В същото време той поиска по-дълго пътуване, за да компенсира загубата.

Mercedes e Charles appoggiarono questo piano, ma fallirono nella sua realizzazione.

Мерседес и Шарл подкрепиха този план, но не успяха да го изпълнят.

La loro pesante slitta e la mancanza di abilità rendevano il progresso quasi impossibile.

Тежката им шейна и липсата на умения правеха напредъка почти невъзможен.

Era facile dare meno cibo, ma impossibile forzare uno sforzo maggiore.

Беше лесно да се даде по-малко храна, но невъзможно да се наложи да се положат повече усилия.

Non potevano partire prima, né viaggiare per ore extra.

Не можеха да започнат рано, нито пък можеха да пътуват за допълнителни часове.

Non sapevano come gestire i cani, e nemmeno loro stessi, a dire il vero.

Те не знаеха как да работят с кучетата, нито пък със самите себе си, впрочем.

Il primo cane a morire fu Dub, lo sfortunato ma laborioso ladro.

Първото куче, което умря, беше Дъб, нещастният, но трудолюбив крадец.

Sebbene spesso punito, Dub aveva fatto la sua parte senza lamentarsi.

Въпреки че често беше наказван, Дъб се справяше с тежестта си без оплаквания.

La sua spalla ferita peggiorò se non ricevette cure adeguate e non ebbe bisogno di riposo.

Контузеното му рамо се влошаваше без грижи или нужда от почивка.

Alla fine, Hal usò la pistola per porre fine alle sofferenze di Dub.
Накрая Хал използва револвера, за да сложи край на страданията на Дъб.
Un detto comune afferma che i cani normali muoiono se vengono nutriti con razioni di husky.
Една често срещана поговорка гласи, че нормалните кучета умират от дажби на хъски.
I sei nuovi compagni di Buck avevano ricevuto solo metà della quota di cibo riservata all'husky.
Шестимата нови спътници на Бък имаха само половината от храната, която хъските получаваше.
Il Terranova morì per primo, seguito dai tre cani da caccia a pelo corto.
Нюфаундлендът умря първи, след това трите късокосмести пойнтерки.
I due bastardi resistettero più a lungo ma alla fine morirono come gli altri.
Двете мелези се задържаха по-дълго, но накрая загинаха като останалите.
Ormai tutti i comfort e la gentilezza del Southland erano scomparsi.
По това време всички удобства и нежност на Южната земя бяха изчезнали.
Le tre persone avevano perso le ultime tracce della loro educazione civile.
Тримата души бяха се отървали от последните следи от цивилизованото си възпитание.
Spogliato di glamour e romanticismo, il viaggio nell'Artico è diventato brutalmente reale.
Лишено от блясък и романтика, арктическото пътуване стана брутално реално.
Era una realtà troppo dura per il loro senso di virilità e femminilità.
Това беше реалност, твърде сурова за тяхното чувство за мъжественост и женственост.

Mercedes non piangeva più per i cani, ma piangeva solo per se stessa.
Мерседес вече не плачеше за кучетата, а сега плачеше само за себе си.
Trascorreva il tempo piangendo e litigando con Hal e Charles.
Тя прекарваше времето си в плач и караници с Хал и Чарлз.
Litigare era l'unica cosa per cui non si stancavano mai.
Караниците бяха единственото нещо, за което никога не се уморяваха.
La loro irritabilità derivava dalla miseria, cresceva con essa e la superava.
Раздразнителността им идваше от нещастието, нарастваше заедно с него и го надминаваше.
La pazienza del cammino, nota a coloro che faticano e soffrono con generosità, non è mai arrivata.
Търпението на пътя, познато на онези, които се трудят и страдат с доброта, никога не дойде.
Quella pazienza che rende dolce la parola nonostante il dolore, era a loro sconosciuta.
Това търпение, което запазва речта сладка въпреки болката, им беше непознато.
Non avevano alcun briciolo di pazienza, nessuna forza derivante dalla sofferenza con grazia.
Те нямаха и следа от търпение, никаква сила, извлечена от страданието с благодат.
Erano irrigiditi dal dolore: dolori nei muscoli, nelle ossa e nel cuore.
Те бяха сковани от болка – боляха ги мускулите, костите и сърцата.
Per questo motivo, divennero taglienti nella lingua e pronti a pronunciare parole dure.
Поради това те станаха остри на езика си и бързи в грубите думи.
Ogni giorno iniziava e finiva con voci arrabbiate e lamentele amare.

Всеки ден започваше и завършваше с гневни гласове и горчиви оплаквания.
Charles e Hal litigavano ogni volta che Mercedes ne dava loro l'occasione.
Чарлз и Хал се караха всеки път, когато Мерцедес им даваше шанс.
Ogni uomo credeva di aver fatto più del dovuto.
Всеки мъж вярваше, че е свършил повече от полагащия му се дял от работата.
Nessuno dei due ha mai perso l'occasione di dirlo, ancora e ancora.
Нито един от двамата не пропускаше възможност да го каже, отново и отново.
A volte Mercedes si schierava con Charles, a volte con Hal.
Понякога Мерцедес заставаше на страната на Чарлз, понякога на Хал.
Ciò portò a una grande e infinita lite tra i tre.
Това доведе до голяма и безкрайна кавга между тримата.
La disputa su chi dovesse tagliare la legna da ardere divenne incontrollabile.
Спорът за това кой трябва да цепи дърва за огрев излезе извън контрол.
Ben presto vennero nominati padri, madri, cugini e parenti defunti.
Скоро бяха посочени имената на бащи, майки, братовчеди и починали роднини.
Le opinioni di Hal sull'arte o sulle opere teatrali di suo zio divennero parte della lotta.
Възгледите на Хал за изкуството или пиесите на чичо му станаха част от борбата.
Anche le convinzioni politiche di Carlo entrarono nel dibattito.
Политическите убеждения на Чарлз също бяха включени в дебата.
Per Mercedes, perfino i pettegolezzi della sorella del marito sembravano rilevanti.

За Мерседес дори клюките на сестрата на съпруга й изглеждаха уместни.

Espresse la sua opinione su questo e su molti dei difetti della famiglia di Charles.

Тя изрази мнение по този въпрос, както и по много от недостатъците на семейството на Чарлз.

Mentre discutevano, il fuoco rimase spento e l'accampamento mezzo allestito.

Докато спореха, огънят остана незапален, а лагерът наполовина изгорен.

Nel frattempo i cani erano rimasti infreddoliti e senza cibo.

Междувременно кучетата останаха премръзнали и без никаква храна.

Mercedes nutriva un risentimento che considerava profondamente personale.

Мерседес таеше оплакване, което смяташе за дълбоко лично.

Si sentiva maltrattata in quanto donna e le venivano negati i suoi gentili privilegi.

Тя се чувстваше малтретирана като жена, лишена от привилегиите си за благородни качества.

Era carina e gentile, e per tutta la vita era stata abituata alla cavalleria.

Тя беше красива и нежна и свикнала с рицарство през целия си живот.

Ma suo marito e suo fratello ora la trattavano con impazienza.

Но съпругът й и брат й сега се отнасяха с нетърпение към нея.

Aveva l'abitudine di comportarsi in modo impotente e loro cominciarono a lamentarsi.

Тя имаше навик да се държи безпомощно и те започнаха да се оплакват.

Offesa da ciò, rese loro la vita ancora più difficile.

Обидена от това, тя направи живота им още по-труден.

Ignorò i cani e insistette per guidare lei stessa la slitta.

Тя игнорира кучетата и настоя сама да се качи на шейната.

Sebbene sembrasse esile, pesava centoventi libbre (circa quaranta chili).
Въпреки че изглеждаше лека, тя тежеше сто и двадесет килограма.
Quel peso aggiuntivo era troppo per i cani affamati e deboli.
Това допълнително бреме беше твърде голямо за гладуващите, слаби кучета.
Nonostante ciò, continuò a cavalcare per giorni, finché i cani non crollarono nelle redini.
Въпреки това тя яздеше дни наред, докато кучетата не се сринаха под юздите.
La slitta si fermò e Charles e Hal la implorarono di proseguire a piedi.
Шейната спря неподвижно, а Чарлз и Хал я помолиха да върви пеша.
Loro la implorarono e la scongiurarono, ma lei pianse e li definì crudeli.
Те я умоляваха и молеха, но тя плачеше и ги наричаше жестоки.
In un'occasione, la tirarono giù dalla slitta con pura forza e rabbia.
Веднъж те я издърпали от шейната с чиста сила и гняв.
Dopo quello che accadde quella volta non ci riprovarono più.
Те никога повече не опитаха след случилото се тогава.
Si accasciò come una bambina viziata e si sedette nella neve.
Тя се отпусна като разглезено дете и седна в снега.
Continuarono a muoversi, ma lei si rifiutò di alzarsi o di seguirli.
Те продължиха, но тя отказа да стане или да ги последва.
Dopo tre miglia si fermarono, tornarono indietro e la riportarono indietro.
След три мили те спряха, върнаха се и я отнесоха обратно.
La ricaricarono sulla slitta, usando ancora una volta la forza bruta.
Те я претовариха на шейната, отново използвайки груба сила.

Nella loro profonda miseria, erano insensibili alla sofferenza dei cani.
В дълбоката си мизерия те бяха безчувствени към страданието на кучетата.
Hal credeva che fosse necessario indurirsi e impose questa convinzione agli altri.
Хал вярваше, че човек трябва да се закоравее и налагаше това убеждение на другите.
Inizialmente ha cercato di predicare la sua filosofia a sua sorella
Първоначално се опитал да проповядва философията си на сестра си
e poi, senza successo, predicò al cognato.
и след това, без успех, той проповядвал на зет си.
Ebbe più successo con i cani, ma solo perché li ferì.
Той имаше по-голям успех с кучетата, но само защото ги нараняваше.
Da Five Fingers, il cibo per cani è rimasto completamente vuoto.
Във Five Fingers храната за кучета свърши напълно.
Una vecchia squaw sdentata vendette qualche chilo di pelle di cavallo congelata
Една беззъба стара индианка продаде няколко килограма замразена конска кожа
Hal scambiò la sua pistola con la pelle di cavallo secca.
Хал размени револвера си за изсушената конска кожа.
La carne proveniva dai cavalli affamati di allevatori di bovini, morti mesi prima.
Месото беше дошло от гладни коне на говедари месеци по-рано.
Congelata, la pelle era come ferro zincato: dura e immangiabile.
Замръзнала, кожата беше като поцинковано желязо; жилава и негодна за консумация.
Per riuscire a mangiarla, i cani dovevano masticare la pelle senza sosta.

Кучетата трябваше безкрайно да дъвчат кожата, за да я изядат.
Ma le corde coriacee e i peli corti non erano certo un nutrimento.
Но кожестите кичури и късата коса едва ли бяха храна.
La maggior parte della pelle era irritante e non era cibo in senso stretto.
По-голямата част от кожата беше дразнеща и не беше храна в истинския смисъл на думата.
E nonostante tutto, Buck barcollava davanti a tutti, come in un incubo.
И през всичко това Бък се олюляваше отпред, като в кошмар.
Quando poteva, tirava; quando non poteva, restava lì finché non veniva sollevato dalla frusta o dal bastone.
Дърпаше, когато можеше; когато не можеше, лежеше, докато камшик или тояга не го повдигнат.
Il suo pelo fine e lucido aveva perso tutta la rigidità e la lucentezza di un tempo.
Фината му, лъскава козина беше загубила всякаква твърдост и блясък, които някога имаше.
I suoi capelli erano flosci, spettinati e pieni di sangue rappreso a causa dei colpi.
Косата му висеше отпусната, разрошена и съсирена от засъхнала кръв от ударите.
I suoi muscoli si ridussero a midolli e i cuscinetti di carne erano tutti consumati.
Мускулите му се свиха на жила, а плътта му беше износена.
Ogni costola, ogni osso erano chiaramente visibili attraverso le pieghe della pelle rugosa.
Всяко ребро, всяка кост се виждаше ясно през гънките на набръчкана кожа.
Fu straziante, ma il cuore di Buck non riuscì a spezzarsi.
Беше сърцераздирателно, но сърцето на Бък не можеше да се разбие.

L'uomo con il maglione rosso lo aveva testato e dimostrato molto tempo prima.
Мъжът с червения пуловер го беше изпробвал и доказал отдавна.
Così come accadde a Buck, accadde anche a tutti i suoi compagni di squadra rimasti.
Както беше с Бък, така беше и с всичките му останали съотборници.
Ce n'erano sette in totale, ognuno uno scheletro ambulante di miseria.
Бяха общо седем, всеки един от които беше ходещ скелет на мизерия.
Erano diventati insensibili alle fruste e sentivano solo un dolore distante.
Бяха изтръпнали от удари с камшик, усещайки само далечна болка.
Anche la vista e i suoni li raggiungevano debolmente, come attraverso una fitta nebbia.
Дори зрението и звукът достигаха до тях слабо, сякаш през гъста мъгла.
Non erano mezzi vivi: erano ossa con deboli scintille al loro interno.
Те не бяха полуживи — бяха кости с бледи искри вътре.
Una volta fermati, crollarono come cadaveri, con le scintille quasi del tutto spente.
Когато бяха спрени, те се сринаха като трупове, искрите им почти изчезнаха.
E quando la frusta o il bastone colpivano di nuovo, le scintille sfarfallavano debolmente.
И когато камшикът или тоягата удариха отново, искрите прехвърчаха слабо.
Poi si alzarono, barcollarono in avanti e trascinarono le loro membra in avanti.
След това се изправиха, залитнаха напред и завлякоха крайниците си напред.
Un giorno il gentile Billee cadde e non riuscì più a rialzarsi.

Един ден добрият Били падна и вече изобщо не можеше да се изправи.

Hal aveva scambiato la sua pistola con quella di Billee, così decise di ucciderla con un'ascia.

Хал беше разменил револвера си, затова вместо това уби Били с брадва.

Lo colpì alla testa, poi gli tagliò il corpo e lo trascinò via.

Той го удари по главата, след което разряза тялото му и го завляко.

Buck se ne accorse, e così fecero anche gli altri: sapevano che la morte era vicina.

Бък видя това, както и останалите; те знаеха, че смъртта е близо.

Il giorno dopo Koona se ne andò, lasciando solo cinque cani nel gruppo affamato.

На следващия ден Куна си тръгна, оставяйки само пет кучета в гладуващия впряг.

Joe, non più cattivo, era ormai troppo fuori di sé per rendersi conto di nulla.

Джо, вече не злобен, беше твърде напреднал, за да осъзнава каквото и да било.

Pike, ormai non fingeva più di essere ferito, era appena cosciente.

Пайк, вече не преструвайки се на ранения си, едва беше в съзнание.

Solleks, ancora fedele, si rammaricava di non avere più la forza di dare.

Солекс, все още верен, скърбеше, че няма сила, която да даде.

Teek fu battuto più di tutti perché era più fresco, ma stava calando rapidamente.

Тийк беше най-победен, защото беше по-свеж, но бързо отслабваше.

E Buck, ancora in testa, non mantenne più l'ordine né lo fece rispettare.

И Бък, все още начело, вече не поддържаше реда, нито го налагаше.

Mezzo accecato dalla debolezza, Buck seguì la pista solo a tentoni.
Полусляп от слабост, Бък следваше следата единствено по навик.
Era una bellissima primavera, ma nessuno di loro se ne accorse.
Беше прекрасно пролетно време, но никой от тях не го забеляза.
Ogni giorno il sole sorgeva prima e tramontava più tardi.
Всеки ден слънцето изгряваше по-рано и залязваше по-късно от преди.
Alle tre del mattino era già spuntata l'alba; il crepuscolo durò fino alle nove.
Към три часа сутринта се зазори; здрачът продължи до девет.
Le lunghe giornate erano illuminate dal sole primaverile.
Дългите дни бяха изпълнени с ярката пролетна слънчева светлина.
Il silenzio spettrale dell'inverno si era trasformato in un caldo mormorio.
Призрачната тишина на зимата се беше превърнала в топъл шепот.
Tutta la terra si stava svegliando, animata dalla gioia degli esseri viventi.
Цялата земя се пробуждаше, оживяваше от радостта на живите същества.
Il suono proveniva da ciò che era rimasto morto e immobile per tutto l'inverno.
Звукът идваше от нещо, което беше лежало мъртво и неподвижно през зимата.
Ora quelle cose si mossero di nuovo, scrollandosi di dosso il lungo sonno del gelo.
Сега тези неща се раздвижиха отново, отърсвайки се от дългия мразовит сън.
La linfa saliva attraverso i tronchi scuri dei pini in attesa.
Сок се издигаше през тъмните стволове на чакащите борове.

Salici e pioppi tremuli fanno sbocciare giovani gemme luminose su ogni ramoscello.
Върби и трепетлики пускат ярки млади пъпки на всяка клонка.
Arbusti e viti si tingono di un verde fresco mentre il bosco si anima.
Храсти и лози се раззелениха, докато горите оживяваха.
Di notte i grilli cantavano e di giorno gli insetti strisciavano nella luce del sole.
Щурци цвърчаха през нощта, а буболечки пълзяха под дневната светлина.
Le pernici gridavano e i picchi picchiavano in profondità tra gli alberi.
Яребици бучаха, а кълвачи чукаха дълбоко в дърветата.
Gli scoiattoli chiacchieravano, gli uccelli cantavano e le oche starnazzavano per richiamare l'attenzione dei cani.
Катерици бъбреха, птици пееха, а гъски клатушкаха над кучетата.
Gli uccelli selvatici arrivavano a cunei affilati, volando in alto da sud.
Дивите птици идваха на остри клинове, прелитайки от юг.
Da ogni pendio giungeva la musica di ruscelli nascosti e impetuosi.
От всеки хълм се чуваше музиката на скрити, бързеещи потоци.
Tutto si scongelava e si spezzava, si piegava e ricominciava a muoversi.
Всичко се размрази, счупи се, огъна се и отново се задвижи.
Lo Yukon si sforzò di spezzare le fredde catene del ghiaccio ghiacciato.
Юкон се напрягаше да разкъса студените вериги от замръзнал лед.
Il ghiaccio si scioglieva sotto, mentre il sole lo scioglieva dall'alto.
Ледът се топеше отдолу, докато слънцето го топеше отгоре.

Si aprirono dei buchi, si allargarono delle crepe e dei pezzi caddero nel fiume.
Отвориха се въздушни отвори, пукнатини се разпространиха и парчета паднаха в реката.
In mezzo a tutta questa vita sfrenata e sfrenata, i viaggiatori barcollavano.
Сред целия този кипящ и пламтящ живот, пътниците се олюляваха.
Due uomini, una donna e un branco di husky camminavano come morti.
Двама мъже, една жена и глутница хъскита вървяха като мъртви.
I cani cadevano, Mercedes piangeva, ma continuava a guidare la slitta.
Кучетата падаха, Мерседес плачеше, но все пак яздеше шейната.
Hal imprecò debolmente e Charles sbatté le palpebre con gli occhi lacrimanti.
Хал изруга слабо, а Чарлз премигна през насълзени очи.
Si imbatterono nell'accampamento di John Thornton, nei pressi della foce del White River.
Те се натъкнаха на лагера на Джон Торнтън край устието на Бялата река.
Quando si fermarono, i cani caddero a terra, come se fossero stati tutti colpiti a morte.
Когато спряха, кучетата се отпуснаха по пода, сякаш всички бяха поразени мъртви.
Mercedes si asciugò le lacrime e guardò John Thornton.
Мерседес избърса сълзите си и погледна към Джон Торнтън.
Charles si sedette su un tronco, lentamente e rigidamente, dolorante per il sentiero.
Чарлз седеше на един дънер, бавно и сковано, болен от пътеката.
Hal parlava mentre Thornton intagliava l'estremità del manico di un'ascia.

Хал говореше, докато Торнтън издълбаваше края на дръжката на брадва.

Tagliò il legno di betulla e rispose con frasi brevi e decise.

Той цепеше брезова дървесина и отговаряше с кратки, твърди отговори.

Quando gli veniva chiesto, dava un consiglio, certo che non sarebbe stato seguito.

Когато го попитаха, той даде съвет, сигурен, че няма да бъде последван.

Hal spiegò: "Ci avevano detto che il ghiaccio lungo la pista si stava staccando".

Хал обясни: „Казаха ни, че ледът на пътеката се топи."

"Ci avevano detto che dovevamo restare fermi, ma siamo arrivati a White River."

„Казаха, че трябва да си останем тук, но стигнахме до Уайт Ривър."

Concluse con un tono beffardo, come per cantare vittoria nelle difficoltà.

Той завърши с подигравателен тон, сякаш претендираше за победа в трудностите.

"E ti hanno detto la verità", rispose John Thornton a bassa voce ad Hal.

— И те ти казаха истината — тихо отговори Джон Торнтън на Хал.

"Il ghiaccio potrebbe cedere da un momento all'altro: è pronto a staccarsi."

„Ледът може да се счупи всеки момент — готов е да се разпадне."

"Solo la fortuna cieca e gli sciocchi avrebbero potuto arrivare vivi fin qui."

„Само сляп късмет и глупаци биха могли да стигнат дотук живи."

"Te lo dico senza mezzi termini: non rischierei la vita per tutto l'oro dell'Alaska."

„Казвам ти директно, не бих рискувал живота си за цялото злато на Аляска."

"Immagino che tu non sia uno stupido", rispose Hal.

— Предполагам, че е защото не си глупак — отвърна Хал.

"Comunque, andiamo avanti con Dawson." Srotolò la frusta.

— Все пак ще продължим към Доусън. — Той размота камшика си.

"Sali, Buck! Ehi! Alzati! Forza!" urlò con voce roca.

„Качвай се горе, Бък! Здравей! Ставай! Хайде!" – извика той грубо.

Thornton continuò a intagliare, sapendo che gli sciocchi non volevano sentire ragioni.

Торнтън продължи да резбострува, знаейки, че глупаците не искат да чуят разум.

Fermare uno stupido era inutile, e due o tre stupidi non cambiavano nulla.

Да спреш един глупак беше безполезно — а двама или трима заблудени не променяха нищо.

Ma la squadra non si mosse al suono del comando di Hal.

Но екипът не помръдна при звука на командата на Хал.

Ormai solo i colpi potevano farli sollevare e avanzare.

Досега само удари можеха да ги накарат да се изправят и да продължат напред.

La frusta schioccava ripetutamente sui cani indeboliti.

Камшикът щракаше отново и отново по отслабените кучета.

John Thornton strinse forte le labbra e osservò in silenzio.

Джон Торнтън стисна здраво устни и наблюдаваше мълчаливо.

Solleks fu il primo a rialzarsi sotto la frusta.

Солекс пръв се изправи на краката под камшика.

Poi Teek lo seguì, tremando. Joe urlò mentre barcollava.

После Тийк го последва, треперещ. Джо извика, докато се изправяше на крака.

Pike cercò di alzarsi, fallì due volte, poi alla fine si rialzò barcollando.

Пайк се опита да се изправи, не успя два пъти и най-накрая се изправи нестабилно.

Ma Buck rimase lì dov'era caduto, senza muoversi affatto.

Но Бък лежеше там, където беше паднал, този път изобщо не помръдвайки.
La frusta lo colpì più volte, ma lui non emise alcun suono.
Камшикът го удряше отново и отново, но той не издаде никакъв звук.
Lui non sussultò né oppose resistenza, rimase semplicemente immobile e in silenzio.
Той не трепна, нито се съпротивляваше, просто остана неподвижен и мълчалив.
Thornton si mosse più di una volta, come per dire qualcosa, ma non lo fece.
Торнтън се размърда няколко пъти, сякаш да проговори, но не го направи.
I suoi occhi si inumidirono, ma la frusta continuava a schioccare contro Buck.
Очите му се намокриха, а камшикът продължаваше да пляска по Бък.
Alla fine Thornton cominciò a camminare lentamente, incerto sul da farsi.
Най-накрая Торнтън започна бавно да крачи, несигурен какво да прави.
Era la prima volta che Buck falliva e Hal si infuriò.
Това беше първият път, когато Бък се провали, и Хал се вбеси.
Gettò via la frusta e prese al suo posto il pesante manganello.
Той хвърли камшика и вместо това взе тежката тояга.
La mazza di legno colpì con violenza, ma Buck non si alzò per muoversi.
Дървената тояга се стовари силно, но Бък все още не се изправи, за да помръдне.
Come i suoi compagni di squadra, era troppo debole, ma non solo.
Подобно на съотборниците си, той беше твърде слаб - но нещо повече от това.
Buck aveva deciso di non muoversi, qualunque cosa accadesse.

Бък беше решил да не помръдва, независимо какво щеше да се случи по-нататък.

Sentì qualcosa di oscuro e sicuro incombere proprio davanti a sé.
Той усети нещо тъмно и сигурно да се носи точно пред него.

Quel terrore lo aveva colto non appena aveva raggiunto la riva del fiume.
Този ужас го обзе веднага щом стигна брега на реката.

Quella sensazione non lo aveva abbandonato da quando aveva sentito il ghiaccio assottigliarsi sotto le zampe.
Чувството не го беше напускало, откакто усети как ледът под лапите му е тънък.

Qualcosa di terribile lo stava aspettando: lo sentiva proprio lungo il sentiero.
Нещо ужасно го чакаше — той го усещаше чак по пътеката.

Non avrebbe camminato verso quella cosa terribile davanti a lui
Той нямаше да върви към това ужасно нещо напред.

Non avrebbe obbedito a nessun ordine che lo avrebbe condotto a quella cosa.
Той нямаше да се подчини на никаква заповед, която да го доведе до това нещо.

Ormai il dolore dei colpi non lo sfiorava più: era troppo stanco.
Болката от ударите почти не го докосваше сега — беше твърде изтощен.

La scintilla della vita tremolava lentamente, affievolita da ogni colpo crudele.
Искрата на живота трептеше слабо, приглушена под всеки жесток удар.

Gli arti gli sembravano distanti; tutto il corpo sembrava appartenere a un altro.
Крайниците му се усещаха далечни; цялото му тяло сякаш принадлежеше на друг.

Sentì uno strano torpore mentre il dolore scompariva completamente.
Той почувства странно изтръпване, когато болката отшумя напълно.
Da lontano, sentiva che lo stavano picchiando, ma non se ne rendeva conto.
Отдалеч усещаше, че го бият, но едва го осъзнаваше.
Poteva udire debolmente i tonfi, ma ormai non gli facevano più male.
Той чуваше едва доловимите удари, но те вече не го боляха истински.
I colpi andarono a segno, ma il suo corpo non sembrava più il suo.
Ударите се усещаха, но тялото му вече не изглеждаше като негово собствено.
Poi, all'improvviso, senza alcun preavviso, John Thornton lanciò un grido selvaggio.
Тогава изведнъж, без предупреждение, Джон Торнтън нададе див вик.
Era inarticolato, più il grido di una bestia che di un uomo.
Беше нечленоразделен, по-скоро вик на звяр, отколкото на човек.
Si lanciò sull'uomo con la mazza e fece cadere Hal all'indietro.
Той скочи върху мъжа с тоягата и събори Хал назад.
Hal volò come se fosse stato colpito da un albero, atterrando pesantemente al suolo.
Хал полетя сякаш ударен от дърво, и се приземи тежко на земята.
Mercedes urlò a gran voce in preda al panico e si portò le mani al viso.
Мерседес изкрещя панически и се хвана за лицето си.
Charles si limitò a guardare, si asciugò gli occhi e rimase seduto.
Чарлз само наблюдаваше, избърса очите си и остана седнал.

Il suo corpo era troppo irrigidito dal dolore per alzarsi o contribuire alla lotta.
Тялото му беше твърде сковано от болка, за да се изправи или да помогне в битката.
Thornton era in piedi davanti a Buck, tremante di rabbia, incapace di parlare.
Торнтън стоеше над Бък, треперещ от ярост, неспособен да проговори.
Tremava di rabbia e lottò per trovare la voce.
Той трепереше от ярост и се мъчеше да намери гласа си през нея.
"Se colpisci ancora quel cane, ti uccido", disse infine.
„Ако удариш това куче още веднъж, ще те убия", каза той най-накрая.
Hal si asciugò il sangue dalla bocca e tornò avanti.
Хал избърса кръвта от устата си и отново пристъпи напред.
"È il mio cane", borbottò. "Togliti di mezzo o ti sistemo io."
— Кучето ми е — промърмори той. — Махни се от пътя, или ще те оправя.
"Vado da Dawson e tu non mi fermerai", ha aggiunto.
„Отивам в Доусън и ти няма да ме спреш", добави той.
Thornton si fermò tra Buck e il giovane arrabbiato.
Торнтън стоеше твърдо между Бък и ядосания млад мъж.
Non aveva alcuna intenzione di farsi da parte o di lasciar passare Hal.
Нямаше намерение да се отдръпне или да пропусне Хал.
Hal tirò fuori il suo coltello da caccia, lungo e pericoloso nella sua mano.
Хал извади ловния си нож, дълъг и опасен в ръката си.
Mercedes urlò, poi pianse, poi rise in preda a un'isteria selvaggia.
Мерседес крещеше, после плака, после се смееше диво истерично.
Thornton colpì la mano di Hal con il manico dell'ascia, con forza e rapidità.

Торнтън удари ръката на Хал с дръжката на брадвата си, силно и бързо.
Il coltello si liberò dalla presa di Hal e volò a terra.
Ножът се изхвърча от хватката на Хал и полетя на земята.
Hal cercò di raccogliere il coltello, ma Thornton gli batté di nuovo le nocche.
Хал се опита да вдигне ножа, а Торнтън отново почука по кокалчетата на пръстите си.
Poi Thornton si chinò, afferrò il coltello e lo tenne fermo.
Тогава Торнтън се наведе, грабна ножа и го задържа.
Con due rapidi colpi del manico dell'ascia, tagliò le redini di Buck.
С два бързи удара с дръжката на брадвата той преряза юздите на Бък.
Hal non aveva più voglia di combattere e si allontanò dal cane.
Хал не можеше да се бори повече и се отдръпна от кучето.
Inoltre, ora Mercedes aveva bisogno di entrambe le braccia per restare in piedi.
Освен това, Мерседес вече се нуждаеше от двете си ръце, за да се държи изправена.
Buck era troppo vicino alla morte per poter nuovamente tirare la slitta.
Бък беше твърде близо до смъртта, за да може отново да тегли шейна.
Pochi minuti dopo, ripartirono, dirigendosi verso il fiume.
Няколко минути по-късно те потеглиха и се отправиха надолу по реката.
Buck sollevò debolmente la testa e li guardò lasciare la banca.
Бък вдигна слабо глава и ги наблюдаваше как напускат банката.
Pike guidava la squadra, con Solleks dietro al volante.
Пайк поведе отбора, а Солекс беше отзад на мястото на кормилото.
Joe e Teek camminavano in mezzo, zoppicando entrambi per la stanchezza.

Джо и Тийк вървяха между тях, и двамата куцайки от изтощение.
Mercedes si sedette sulla slitta e Hal afferrò la lunga pertica.
Мерседес седеше на шейната, а Хал стискаше дългия прът за впряг.
Charles barcollava dietro di lui, con passi goffi e incerti.
Чарлз се препъваше назад, стъпките му бяха тромави и несигурни.
Thornton si inginocchiò accanto a Buck e tastò delicatamente per vedere se aveva ossa rotte.
Торнтън коленичи до Бък и внимателно опипа за счупени кости.
Le sue mani erano ruvide, ma si muovevano con gentilezza e cura.
Ръцете му бяха груби, но движени с доброта и грижа.
Il corpo di Buck era pieno di lividi, ma non presentava lesioni permanenti.
Тялото на Бък беше насинено, но не показваше трайни наранявания.
Ciò che restava era una fame terribile e una debolezza quasi totale.
Това, което остана, беше ужасен глад и почти пълна слабост.
Quando la situazione fu più chiara, la slitta era già andata molto a valle.
Докато това се разчисти, шейната беше отишла далеч надолу по реката.
L'uomo e il cane osservavano la slitta avanzare lentamente sul ghiaccio che si rompeva.
Човек и куче наблюдаваха как шейната бавно пълзи по напукания лед.
Poi videro la slitta sprofondare in una cavità.
Тогава видяха как шейната потъва в една вдлъбнатина.
La pertica volò in alto, ma Hal vi si aggrappò ancora invano.
Въртящият прът полетя нагоре, а Хал все още се държеше напразно за него.
L'urlo di Mercedes li raggiunse attraverso la fredda distanza.

Викът на Мерседес ги достигна през студеното разстояние.
Charles si voltò e fece un passo indietro, ma era troppo tardi.
Чарлз се обърна и отстъпи назад — но беше твърде късно.
Un'intera calotta di ghiaccio cedette e tutti precipitarono.
Цяла ледена покривка се поддаде и всички те пропаднаха.
Cani, slitte e persone scomparvero nelle acque nere sottostanti.
Кучета, шейни и хора изчезнаха в черната вода долу.
Nel punto in cui erano passati era rimasto solo un largo buco nel ghiaccio.
Само широка дупка в леда беше останала там, където бяха минали.
Il fondo del sentiero era crollato, proprio come aveva previsto Thornton.
Долната част на пътеката се беше сринала — точно както Торнтън предупреди.
Thornton e Buck si guardarono l'un l'altro, in silenzio per un momento.
Торнтън и Бък се спогледаха и замълчаха за момент.
"Povero diavolo", disse Thornton dolcemente, e Buck gli leccò la mano.
— Горкият дяволче — каза тихо Торнтън и Бък облиза ръката му.

Per amore di un uomo
Заради любовта на един мъж

John Thornton si congelò i piedi per il freddo del dicembre precedente.
Джон Торнтън си измръзна краката в студа на предходния декември.
I suoi compagni lo fecero sentire a suo agio e lo lasciarono guarire da solo.
Партньорите му го настаниха удобно и го оставиха да се възстанови сам.
Risalirono il fiume per raccogliere una zattera di tronchi da sega per Dawson.
Те се отправиха нагоре по реката, за да съберат сал с дървени трупи за Доусън.
Zoppicava ancora leggermente quando salvò Buck dalla morte.
Той все още леко куцаше, когато спаси Бък от смърт.
Ma con il persistere del caldo, anche quella zoppia è scomparsa.
Но с продължаващото топло време, дори това куцане изчезна.
Sdraiato sulla riva del fiume durante le lunghe giornate primaverili, Buck si riposò.
Лежейки край брега на реката през дългите пролетни дни, Бък си почиваше.
Osservava l'acqua che scorreva e ascoltava gli uccelli e gli insetti.
Той наблюдаваше течащата вода и слушаше птици и насекоми.
Lentamente Buck riacquistò le forze sotto il sole e il cielo.
Бавно Бък възвърна силите си под слънцето и небето.
Dopo aver viaggiato tremila miglia, riposarsi è stato meraviglioso.
Почивката беше прекрасно усещане след изминаване на три хиляди мили.

Buck diventò pigro man mano che le sue ferite guarivano e il suo corpo si riempiva.
Бък стана мързелив, докато раните му заздравяваха и тялото му се изпълваше.
I suoi muscoli si rassodarono e la carne tornò a ricoprire le sue ossa.
Мускулите му се стегнаха и плътта отново покри костите му.
Stavano tutti riposando: Buck, Thornton, Skeet e Nig.
Всички си почиваха — Бък, Торнтън, Скийт и Ниг.
Aspettarono la zattera che li avrebbe portati a Dawson.
Те чакаха сала, който щеше да ги отведе до Доусън.
Skeet era un piccolo setter irlandese che fece amicizia con Buck.
Скийт беше малък ирландски сетер, който се сприятели с Бък.
Buck era troppo debole e malato per resisterle al loro primo incontro.
Бък беше твърде слаб и болен, за да ѝ се съпротивлява при първата им среща.
Skeet aveva la caratteristica di guaritore che alcuni cani possiedono per natura.
Скийт притежаваше лечителската черта, която някои кучета естествено притежават.
Come una gatta, leccò e pulì le ferite aperte di Buck.
Като майка котка, тя облизваше и почистваше разранените рани на Бък.
Ogni mattina, dopo colazione, ripeteva il suo attento lavoro.
Всяка сутрин след закуска тя повтаряше старателната си работа.
Buck finì per aspettarsi il suo aiuto tanto quanto quello di Thornton.
Бък очакваше нейната помощ толкова, колкото и тази на Торнтън.
Anche Nig era amichevole, ma meno aperto e meno affettuoso.

Ниг също беше дружелюбен, но по-малко открит и по-малко привързан.

Nig era un grosso cane nero, in parte segugio e in parte levriero.

Ниг беше голямо черно куче, наполовина хрътка, наполовина диърхаунд.

Aveva occhi sorridenti e un'infinita bontà d'animo.

Той имаше смеещи се очи и безкрайна доброта в духа си.

Con sorpresa di Buck, nessuno dei due cani mostrò gelosia nei suoi confronti.

За изненада на Бък, нито едно от кучетата не показа ревност към него.

Sia Skeet che Nig condividevano la gentilezza di John Thornton.

И Скийт, и Ниг споделяха добротата на Джон Торнтън.

Man mano che Buck diventava più forte, lo attiravano in stupidi giochi da cani.

Докато Бък ставаше все по-силен, те го примамваха в глупави кучешки игри.

Anche Thornton giocava spesso con loro, incapace di resistere alla loro gioia.

Торнтън също често играеше с тях, неспособен да устои на радостта им.

In questo modo giocoso, Buck passò dalla malattia a una nuova vita.

По този игрив начин Бък премина от болестта към нов живот.

L'amore, quello vero, ardente e passionale, era finalmente suo.

Любовта — истинска, пламенна и страстна любов — най-накрая беше негова.

Non aveva mai conosciuto questo tipo di amore nella tenuta di Miller.

Той никога не беше познавал подобна любов в имението на Милър.

Con i figli del giudice aveva condiviso lavoro e avventure.

Със синовете на съдията той споделяше работа и приключения.
Nei nipoti notò un orgoglio rigido e vanitoso.
При внуците той видя скована и хвалебствена гордост.
Con lo stesso giudice Miller aveva un rapporto di rispettosa amicizia.
Със самия съдия Милър той поддържаше уважително приятелство.
Ma l'amore che era fuoco, follia e adorazione era ciò che accadeva con Thornton.
Но любовта, която беше огън, лудост и преклонение, дойде с Торнтън.
Quest'uomo aveva salvato la vita di Buck, e questo di per sé significava molto.
Този човек беше спасил живота на Бък и само това означаваше много.
Ma più di questo, John Thornton era il tipo ideale di maestro.
Но повече от това, Джон Торнтън беше идеалният тип учител.
Altri uomini si prendevano cura dei cani per dovere o per necessità lavorative.
Други мъже се грижеха за кучета от длъжност или по служебна необходимост.
John Thornton si prendeva cura dei suoi cani come se fossero figli.
Джон Торнтън се грижеше за кучетата си, сякаш бяха негови деца.
Si prendeva cura di loro perché li amava e semplicemente non poteva farne a meno.
Той се грижеше за тях, защото ги обичаше и просто не можеше да се сдържи.
John Thornton vide molto più lontano di quanto la maggior parte degli uomini riuscisse mai a vedere.
Джон Торнтън виждаше дори по-далеч, отколкото повечето мъже някога успяваха да видят.

Non dimenticava mai di salutarli gentilmente o di pronunciare una parola di incoraggiamento.
Той никога не забравяше да ги поздрави любезно или да им каже някоя окуражителна дума.
Amava sedersi con i cani per fare lunghe chiacchierate, o "gassy", come diceva lui.
Той обичаше да седи с кучетата за дълги разговори, или както казваше, „газове".
Gli piaceva afferrare bruscamente la testa di Buck tra le sue mani forti.
Той обичаше да хваща грубо главата на Бък между силните си ръце.
Poi appoggiò la testa contro quella di Buck e lo scosse delicatamente.
След това той опря глава на тази на Бък и нежно го разтърси.
Nel frattempo, chiamava Buck con nomi volgari che per lui significavano affetto.
През цялото време той наричаше Бък с груби имена, което за него означаваше любов.
Per Buck, quell'abbraccio rude e quelle parole portarono una gioia profonda.
На Бък тази груба прегръдка и тези думи донесоха дълбока радост.
A ogni movimento il suo cuore sembrava sussultare di felicità.
Сърцето му сякаш се разтреперваше от щастие при всяко движение.
Quando poi balzò in piedi, la sua bocca sembrava ridere.
Когато скочи след това, устата му сякаш се смееше.
I suoi occhi brillavano intensamente e la sua gola tremava per una gioia inespressa.
Очите му блестяха ярко, а гърлото му трепереше от неизказана радост.
Il suo sorriso rimase immobile in quello stato di emozione e affetto ardente.

Усмивката му замръзна в това състояние на емоция и сияйна обич.

Allora Thornton esclamò pensieroso: "Dio! Riesce quasi a parlare!"

Тогава Торнтън възкликна замислено: „Боже! Той почти може да говори!"

Buck aveva uno strano modo di esprimere l'amore che quasi gli causava dolore.

Бък имаше странен начин да изразява любов, който почти причиняваше болка.

Spesso stringeva forte la mano di Thornton tra i denti.

Той често стискаше здраво ръката на Торнтън със зъби.

Il morso avrebbe lasciato segni profondi che sarebbero rimasti per qualche tempo.

Ухапването щеше да остави дълбоки следи, които щеше да останат известно време след това.

Buck credeva che quei giuramenti fossero amore, e Thornton la pensava allo stesso modo.

Бък вярваше, че тези клетви са любов, а Торнтън знаеше същото.

Il più delle volte, l'amore di Buck si manifestava in un'adorazione silenziosa, quasi silenziosa.

Най-често любовта на Бък се проявяваше в тихо, почти безмълвно обожание.

Sebbene fosse emozionato quando veniva toccato o gli si parlava, non cercava attenzione.

Въпреки че се вълнуваше, когато го докосваха или му говореха, той не търсеше внимание.

Skeet spinse il naso sotto la mano di Thornton finché lui non la accarezzò.

Скийт пъхна носа си под ръката на Торнтън, докато той не я погали.

Nig si avvicinò silenziosamente e appoggiò la sua grande testa sulle ginocchia di Thornton.

Ниг се приближи тихо и отпусна голямата си глава на коляното на Торнтън.

Buck, al contrario, si accontentava di amare da una rispettosa distanza.
Бък, за разлика от него, беше доволен да обича от почтително разстояние.
Rimase sdraiato per ore ai piedi di Thornton, vigile e attento.
Той лежеше с часове в краката на Торнтън, нащрек и наблюдавайки внимателно.
Buck studiò ogni dettaglio del volto del suo padrone, perfino il più piccolo movimento.
Бък изучи всеки детайл от лицето на господаря си и най-малкото му движение.
Oppure sdraiati più lontano, studiando in silenzio la sagoma dell'uomo.
Или лъжеше по-надалеч, изучавайки мълчаливо силуета на мъжа.
Buck osservava ogni piccolo movimento, ogni cambiamento di postura o di gesto.
Бък наблюдаваше всяко малко движение, всяка промяна в стойката или жеста.
Questo legame era così potente che spesso catturava lo sguardo di Thornton.
Толкова силна беше тази връзка, че често привличаше погледа на Торнтън.
Incontrò lo sguardo di Buck senza dire parole, e il suo amore traspariva chiaramente.
Той срещна погледа на Бък без думи, през който ясно блестеше любов.
Per molto tempo dopo essere stato salvato, Buck non perse mai di vista Thornton.
Дълго време след като беше спасен, Бък не изпускаше Торнтън от поглед.
Ogni volta che Thornton usciva dalla tenda, Buck lo seguiva da vicino all'esterno.
Винаги, когато Торнтън напускаше палатката, Бък го следваше плътно навън.
Tutti i severi padroni delle Terre del Nord avevano fatto sì che Buck non riuscisse più a fidarsi.

Всички сурови господари в Северната земя бяха накарали Бък да се страхува да се доверява.

Temeva che nessun uomo potesse restare suo padrone se non per un breve periodo.

Той се страхуваше, че никой човек не може да остане негов господар за повече от кратко време.

Temeva che John Thornton sarebbe scomparso come Perrault e François.

Той се страхуваше, че Джон Торнтън ще изчезне като Перо и Франсоа.

Anche di notte, la paura di perderlo tormentava il sonno agitato di Buck.

Дори през нощта страхът от загубата му преследваше неспокойния сън на Бък.

Quando Buck si svegliò, si trascinò fuori al freddo e andò nella tenda.

Когато Бък се събуди, той се измъкна навън в студа и отиде до палатката.

Ascoltò attentamente il leggero suono del suo respiro interiore.

Той се ослуша внимателно за тихия звук на дишането вътре.

Nonostante il profondo amore di Buck per John Thornton, la natura selvaggia sopravvisse.

Въпреки дълбоката любов на Бък към Джон Торнтън, дивото остана жива.

Quell'istinto primitivo, risvegliatosi nel Nord, non scomparve.

Този примитивен инстинкт, събуден на Севера, не изчезна.

L'amore portava devozione, lealtà e il caldo legame attorno al fuoco.

Любовта донесе преданост, лоялност и топлата връзка край огъня.

Ma Buck mantenne anche i suoi istinti selvaggi, acuti e sempre all'erta.

Но Бък също така запази дивите си инстинкти, остри и винаги бдителни.

Non era solo un animale domestico addomesticato proveniente dalle dolci terre della civiltà.
Той не беше просто опитомен домашен любимец от меките земи на цивилизацията.
Buck era un essere selvaggio che si era seduto accanto al fuoco di Thornton.
Бък беше диво същество, което беше дошло да поседи край огъня на Торнтън.
Sembrava un cane del Southland, ma in lui albergava la natura selvaggia.
Приличаше на куче от Южна земя, но в него живееше дива природа.
Il suo amore per Thornton era troppo grande per permettersi un furto da parte di quell'uomo.
Любовта му към Торнтън беше твърде голяма, за да позволи кражба от него.
Ma in qualsiasi altro campo ruberebbe con audacia e senza esitazione.
Но във всеки друг лагер той би крал смело и без прекъсване.
Era così abile nel rubare che nessuno riusciva a catturarlo o accusarlo.
Той беше толкова хитър в кражбата, че никой не можеше да го хване или обвини.
Il suo viso e il suo corpo erano coperti di cicatrici dovute a molti combattimenti passati.
Лицето и тялото му бяха покрити с белези от многобройни минали битки.
Buck continuava a combattere con ferocia, ma ora lo faceva con maggiore astuzia.
Бък все още се бореше яростно, но сега се биеше с повече хитрост.
Skeet e Nig erano troppo docili per combattere, ed erano di Thornton.
Скийт и Ниг бяха твърде кротки, за да се бият, а и бяха на Торнтън.

Ma qualsiasi cane estraneo, non importa quanto forte o coraggioso, cedeva.
Но всяко странно куче, независимо колко е силно или смело, отстъпваше.

Altrimenti, il cane si ritrovò a combattere contro Buck, lottando per la propria vita.
В противен случай кучето се озоваваше в битка с Бък; бореше се за живота си.

Buck non ebbe pietà quando decise di combattere contro un altro cane.
Бък нямаше милост, след като реши да се бие с друго куче.

Aveva imparato bene la legge del bastone e della zanna nel Nord.
Той беше добре изучил закона на тоягата и зъба в Северната земя.

Non ha mai rinunciato a un vantaggio e non si è mai tirato indietro dalla battaglia.
Той никога не се отказваше от предимство и никога не се отказваше от битката.

Aveva studiato Spitz e i cani più feroci della polizia e della posta.
Той беше изучил Шпиц и най-свирепите кучета на пощата и полицията.

Sapeva chiaramente che non esisteva via di mezzo in un combattimento selvaggio.
Той знаеше ясно, че в дивата битка няма средно положение.

Doveva governare o essere governato; mostrare misericordia significava mostrare debolezza.
Той трябваше да управлява или да бъде управляван; проявяването на милост означаваше проявяване на слабост.

La pietà era sconosciuta nel mondo crudo e brutale della sopravvivenza.
Милостта беше непозната в суровия и брутален свят на оцеляването.

Mostrare pietà era visto come un atto di paura, e la paura conduceva rapidamente alla morte.
Да проявиш милост се е възприемало като страх, а страхът е водил бързо до смърт.
La vecchia legge era semplice: uccidere o essere uccisi, mangiare o essere mangiati.
Старият закон беше прост: убий или бъди убит, яж или бъди изяден.
Quella legge proveniva dalle profondità del tempo e Buck la seguì alla lettera.
Този закон идваше от дълбините на времето и Бък го следваше стриктно.
Buck era più vecchio dei suoi anni e del numero dei suoi respiri.
Бък беше по-възрастен от годините си и от броя на вдишванията, които поемаше.
Collegava in modo chiaro il passato remoto con il momento presente.
Той ясно свързваше древното минало с настоящето.
I ritmi profondi dei secoli si muovevano attraverso di lui come le maree.
Дълбоките ритми на вековете се движеха през него като приливите и отливите.
Il tempo pulsava nel suo sangue con la stessa sicurezza con cui le stagioni muovevano la terra.
Времето пулсираше в кръвта му така сигурно, както сезоните движеха земята.
Sedeva accanto al fuoco di Thornton, con il petto forte e le zanne bianche.
Той седеше до огъня на Торнтън, с едри гърди и бели зъби.
La sua lunga pelliccia ondeggiava, ma dietro di lui lo osservavano gli spiriti dei cani selvatici.
Дългата му козина се вееше, но зад него духовете на дивите кучета наблюдаваха.
Lupi mezzi e lupi veri si agitavano nel suo cuore e nei suoi sensi.

Полувълци и истински вълци се раздвижиха в сърцето и сетивата му.
Assaggiarono la sua carne e bevvero la stessa acqua che bevve lui.
Те опитаха месото му и пиха същата вода като него.
Annusarono il vento insieme a lui e ascoltarono la foresta.
Те подушиха вятъра до него и се заслушаха в гората.
Sussurravano il significato dei suoni selvaggi nell'oscurità.
Те шепнеха значенията на дивите звуци в тъмнината.
Modellavano il suo umore e guidavano ciascuna delle sue reazioni silenziose.
Те оформяха настроенията му и насочваха всяка от тихите му реакции.
Giacevano accanto a lui mentre dormiva e diventavano parte dei suoi sogni profondi.
Те лежаха с него, докато спеше, и ставаха част от дълбоките му сънища.
Sognavano con lui, oltre lui, e costituivano il suo stesso spirito.
Те мечтаеха с него, отвъд него, и съставляваха самия му дух.
Gli spiriti della natura selvaggia chiamavano con tanta forza che Buck si sentì attratto.
Духовете на дивата природа зовяха толкова силно, че Бък се почувства привлечен.
Ogni giorno che passava, l'umanità e le sue rivendicazioni si indebolivano nel cuore di Buck.
С всеки изминал ден човечеството и неговите претенции отслабваха в сърцето на Бък.
Nel profondo della foresta si stava per udire un richiamo strano ed emozionante.
Дълбоко в гората се готвеше да се чуе странен и вълнуващ зов.
Ogni volta che sentiva la chiamata, Buck provava un impulso a cui non riusciva a resistere.
Всеки път, когато чуеше обаждането, Бък изпитваше порив, на който не можеше да устои.

Avrebbe voltato le spalle al fuoco e ai sentieri battuti dagli uomini.
Той щеше да се отвърне от огъня и от утъпканите човешки пътеки.
Stava per addentrarsi nella foresta, avanzando senza sapere il perché.
Той щеше да се гмурне в гората, да продължава напред, без да знае защо.
Non mise in discussione questa attrazione, perché la chiamata era profonda e potente.
Той не постави под въпрос това привличане, защото зовът беше дълбок и силен.
Spesso raggiungeva l'ombra verde e la terra morbida e intatta
Често той достигаше зелената сянка и меката недокосната земя
Ma poi il forte amore per John Thornton lo riportò al fuoco.
Но тогава силната любов към Джон Торнтън го привлече обратно към огъня.
Soltanto John Thornton riuscì davvero a tenere stretto il cuore selvaggio di Buck.
Само Джон Торнтън наистина държеше дивото сърце на Бък в хватката си.
Per Buck il resto dell'umanità non aveva alcun valore o significato duraturo.
Останалата част от човечеството нямаше трайна стойност или смисъл за Бък.
Gli sconosciuti potrebbero lodarlo o accarezzargli la pelliccia con mani amichevoli.
Непознати може да го хвалят или да галят козината му с приятелски ръце.
Buck rimase impassibile e se ne andò per eccesso di affetto.
Бък остана невъзмутим и си тръгна, твърде много обичлив.
Hans e Pete arrivarono con la zattera che era stata attesa a lungo
Ханс и Пит пристигнаха със сала, който отдавна бяха чакали.

Buck li ignorò finché non venne a sapere che erano vicini a Thornton.
Бък ги игнорираше, докато не научи, че са близо до Торнтън.

Da allora in poi li tollerò, ma non dimostrò mai loro tutto il suo calore.
След това той ги търпя, но никога не им показваше пълна топлота.

Accettava da loro cibo o gentilezza come se volesse fare loro un favore.
Той приемаше храна или добрини от тях, сякаш им правеше услуга.

Erano come Thornton: semplici, onesti e lucidi nei pensieri.
Те бяха като Торнтън — прости, честни и с ясни мисли.

Tutti insieme viaggiarono verso la segheria di Dawson e il grande vortice
Всички заедно пътуваха до дъскорезницата на Доусън и големия водовъртеж

Nel corso del loro viaggio impararono a comprendere profondamente la natura di Buck.
По време на пътуването си те се научиха да разбират дълбоко природата на Бък.

Non cercarono di avvicinarsi come avevano fatto Skeet e Nig.
Те не се опитаха да се сближат, както направиха Скийт и Ниг.

Ma l'amore di Buck per John Thornton non fece che aumentare con il tempo.
Но любовта на Бък към Джон Торнгън само се задълбочаваше с времето.

Solo Thornton poteva mettere uno zaino sulla schiena di Buck durante l'estate.
Само Торнтън можеше да сложи раница на гърба на Бък през лятото.

Buck era disposto a eseguire senza riserve qualsiasi ordine impartito da Thornton.

Каквото и да заповядаше Торнтън, Бък беше готов да изпълни напълно.

Un giorno, dopo aver lasciato Dawson per le sorgenti del Tanana,

Един ден, след като напуснаха Доусън и се отправиха към горните притоци на Танана,

il gruppo era seduto su una rupe che scendeva per un metro fino a raggiungere la nuda roccia.

Групата седеше на скала, която се спускаше на метър до гола скална основа.

John Thornton si sedette vicino al bordo e Buck si riposò accanto a lui.

Джон Торнтън седеше близо до ръба, а Бък си почиваше до него.

Thornton ebbe un'idea improvvisa e richiamò l'attenzione degli uomini.

На Торнтън му хрумна внезапна мисъл и той привлече вниманието на мъжете.

Indicò l'altro lato del baratro e diede a Buck un unico comando.

Той посочи през пропастта и даде на Бък една-единствена команда.

"Salta, Buck!" disse, allungando il braccio oltre il precipizio.

„Скачай, Бък!" – каза той, размахвайки ръка над пропастта.

Un attimo dopo dovette afferrare Buck, che stava saltando per obbedire.

След миг трябваше да сграбчи Бък, който скачаше да се подчини.

Hans e Pete si precipitarono in avanti e tirarono entrambi indietro per metterli in salvo.

Ханс и Пийт се втурнаха напред и дръпнаха и двамата на безопасно място.

Dopo che tutto fu finito e che ebbero ripreso fiato, Pete prese la parola.

След като всичко свърши и те си поеха дъх, Пит проговори.

«È un amore straordinario», disse, scosso dalla feroce devozione del cane.
„Любовта е необикновена", каза той, разтърсен от свирепата преданост на кучето.

Thornton scosse la testa e rispose con calma e serietà.
Торнтън поклати глава и отговори със спокойна сериозност.

«No, l'amore è splendido», disse, «ma anche terribile».
„Не, любовта е прекрасна", каза той, „но и ужасна."

"A volte, devo ammetterlo, questo tipo di amore mi fa paura."
„Понякога, трябва да призная, този вид любов ме плаши."

Pete annuì e disse: "Mi dispiacerebbe tanto essere l'uomo che ti tocca".
Пийт кимна и каза: „Не бих искал да съм човекът, който ще те докосне."

Mentre parlava, guardava Buck con aria seria e piena di rispetto.
Той погледна Бък, докато говореше, сериозен и изпълнен с уважение.

"Py Jingo!" esclamò Hans in fretta. "Neanch'io, no signore."
— Пи Джинго! — каза бързо Ханс. — И аз не, сър.

Prima che finisse l'anno, i timori di Pete si avverarono a Circle City.
Преди края на годината, страховете на Пийт се сбъднаха в Съркъл Сити.

Un uomo crudele di nome Black Burton attaccò una rissa nel bar.
Жесток мъж на име Блек Бъртън се сби в бара.

Era arrabbiato e cattivo, e si scagliava contro un novellino.
Той беше ядосан и злобен, нахвърляйки се върху нов неопитен младеж.

John Thornton intervenne, calmo e bonario come sempre.
Джон Торнтън се намеси, спокоен и добродушен както винаги.

Buck giaceva in un angolo, con la testa bassa, e osservava Thornton attentamente.
Бък лежеше в ъгъла, с наведена глава, и наблюдаваше внимателно Торнтън.
Burton colpì all'improvviso e il suo pugno fece girare Thornton.
Бъртън внезапно нанесе удар, като ударът му завъртя Торнтън.
Solo la ringhiera della sbarra gli impedì di cadere violentemente a terra.
Само парапетът на бара го предпази от това да се разбие силно на земята.
Gli osservatori hanno sentito un suono che non era un abbaio o un guaito
Наблюдателите чуха звук, който не беше лай или скимтене
Buck emise un profondo ruggito mentre si lanciava verso l'uomo.
Бък изрева дълбоко, когато се хвърли към мъжа.
Burton alzò il braccio e per poco non si salvò la vita.
Бъртън вдигна ръка и едва спаси живота си.
Buck si schiantò contro di lui, facendolo cadere a terra.
Бък се блъсна в него и го повали на пода.
Buck gli diede un morso profondo al braccio, poi si lanciò alla gola.
Бък захапа дълбоко ръката на мъжа, след което се хвърли към гърлото му.
Burton riuscì a parare solo in parte e il suo collo fu squarciato.
Бъртън успя да блокира само частично и вратът му беше разкъсан.
Gli uomini si precipitarono dentro, brandendo i manganelli e allontanarono Buck dall'uomo sanguinante.
Мъже нахлуха с вдигнати тояги и отблъснаха Бък от кървящия мъж.
Un chirurgo ha lavorato rapidamente per impedire che il sangue fuoriuscisse.

Хирургът действаше бързо, за да спре изтичането на кръв.
Buck camminava avanti e indietro ringhiando, tentando di attaccare ancora e ancora.
Бък крачеше напред-назад и ръмжеше, опитвайки се да атакува отново и отново.
Soltanto i bastoni oscillanti gli impedirono di raggiungere Burton.
Само размахващите се стикове го спряха да стигне до Бъртън.
Proprio lì, sul posto, venne convocata una riunione dei minatori.
Свикано е събрание на миньорите, което се проведе на място.
Concordarono sul fatto che Buck era stato provocato e votarono per liberarlo.
Те се съгласиха, че Бък е бил провокиран и гласуваха да го освободят.
Ma il nome feroce di Buck risuonava ormai in ogni accampamento dell'Alaska.
Но свирепото име на Бък сега отекваше във всеки лагер в Аляска.
Più tardi, quello stesso autunno, Buck salvò Thornton di nuovo in un modo nuovo.
По-късно същата есен Бък отново спасява Торнтън по нов начин.
I tre uomini stavano guidando una lunga barca lungo delle rapide impetuose.
Тримата мъже водеха дълга лодка по бурни бързеи.
Thornton manovrava la barca, gridando indicazioni per raggiungere la riva.
Торнтън управляваше лодката и викаше указания как да стигнем до брега.
Hans e Pete correvano sulla terraferma, tenendo una corda da un albero all'altro.
Ханс и Пит тичаха по сушата, държейки въже, прекарано от дърво на дърво.

Buck procedeva a passo d'uomo sulla riva, tenendo sempre d'occhio il suo padrone.
Бък не отстъпваше по брега, като непрекъснато наблюдаваше господаря си.
In un punto pericoloso, delle rocce sporgevano dall'acqua veloce.
На едно гадно място, скали стърчаха под бързата вода.
Hans lasciò andare la cima e Thornton tirò la barca verso la larghezza.
Ханс пусна въжето и Торнтън насочи лодката нашироко.
Hans corse a percorrerla di nuovo, superando le pericolose rocce.
Ханс спринтира, за да настигне лодката отново покрай опасните скали.
La barca superò la sporgenza ma trovò una corrente più forte.
Лодката прескочи ръбовете, но удари по-силна част от течението.
Hans afferrò la cima troppo velocemente e fece perdere l'equilibrio alla barca.
Ханс грабна въжето твърде бързо и извади лодката от равновесие.
La barca si capovolse e sbatté contro la riva, con la parte inferiore rivolta verso l'alto.
Лодката се преобърна и се удари в брега, с дъното нагоре.
Thornton venne scaraventato fuori e trascinato nella parte più selvaggia dell'acqua.
Торнтън беше изхвърлен и отнесен в най-дивата част на водата.
Nessun nuotatore sarebbe sopravvissuto in quelle acque pericolose e pericolose.
Никой плувец не би могъл да оцелее в тези смъртоносни, бързи води.
Buck si lanciò all'istante e inseguì il suo padrone lungo il fiume.
Бък скочи мигновено и подгони господаря си надолу по реката.

Dopo trecento metri finalmente raggiunse Thornton.
След триста ярда най-накрая стигна до Торнтън.
Thornton afferrò la coda di Buck, e Buck si diresse verso la riva.
Торнтън сграбчи Бък за опашката и Бък се обърна към брега.
Nuotò con tutte le sue forze, lottando contro la forte resistenza dell'acqua.
Той плуваше с пълна сила, борейки се с дивото съпротивление на водата.
Si spostarono verso valle più velocemente di quanto riuscissero a raggiungere la riva.
Те се движеха надолу по течението по-бързо, отколкото можеха да стигнат до брега.
Più avanti, il fiume ruggiva più forte, precipitando in rapide mortali.
Напред реката бучеше по-силно, докато се спускаше в смъртоносни бързеи.
Le rocce fendevano l'acqua come i denti di un enorme pettine.
Камъни прорязваха водата като зъбите на огромен гребен.
La forza di attrazione dell'acqua nei pressi del dislivello era selvaggia e ineluttabile.
Привличането на водата близо до пропастта беше свирепо и неудържимо.
Thornton sapeva che non sarebbero mai riusciti a raggiungere la riva in tempo.
Торнтън знаеше, че никога няма да успеят да стигнат до брега навреме.
Raschiò una roccia, ne sbatté una seconda,
Той се огъваше по един камък, блъскаше се във втори,
Poi si schiantò contro una terza roccia, afferrandola con entrambe le mani.
И тогава се блъсна в трети камък, хващайки го с две ръце.
Lasciò andare Buck e urlò sopra il ruggito: "Vai, Buck! Vai!"
Той пусна Бък и извика над рева: „Давай, Бък! Давай!"

Buck non riuscì a restare a galla e fu trascinato dalla corrente.
Бък не можа да се задържи на повърхността и беше повлечен от течението.
Lottò con tutte le sue forze, cercando di girarsi, ma non fece alcun progresso.
Той се бореше усилено, мъчеше се да се обърне, но не постигна никакъв напредък.
Poi sentì Thornton ripetere il comando sopra il fragore del fiume.
Тогава чу Торнтън да повтаря командата над рева на реката.
Buck si impennò fuori dall'acqua e sollevò la testa come per dare un'ultima occhiata.
Бък се изправи на задните си крака от водата и вдигна глава, сякаш за последен поглед.
poi si voltò e obbedì, nuotando verso la riva con risolutezza.
след това се обърна и се подчини, плувайки решително към брега.
Pete e Hans lo tirarono a riva all'ultimo momento possibile.
Пийт и Ханс го издърпаха на брега в последния възможен момент.
Sapevano che Thornton avrebbe potuto aggrapparsi alla roccia solo per pochi minuti.
Те знаеха, че Торнтън може да се вкопчи в скалата само още няколко минути.
Corsero su per la riva fino a un punto molto più in alto rispetto al punto in cui lui era appeso.
Те се изкачиха по брега до място далеч над мястото, където той висеше.
Legarono con cura la cima della barca al collo e alle spalle di Buck.
Те внимателно завързаха въжето на лодката за врата и раменете на Бък.
La corda era stretta ma abbastanza larga da permettere di respirare e muoversi.

Въжето беше стегнато, но достатъчно хлабаво за дишане и движение.

Poi lo gettarono di nuovo nel fiume impetuoso e mortale.
След това отново го пуснаха в бързата, смъртоносна река.

Buck nuotò coraggiosamente ma non riuscì a prendere l'angolazione giusta per affrontare la forza della corrente.
Бък плуваше смело, но пропусна ъгъла си в силата на течението.

Si accorse troppo tardi che stava per superare Thornton.
Твърде късно видя, че ще подмине Торнтън.

Hans tirò forte la corda, come se Buck fosse una barca che si capovolge.
Ханс дръпна въжето силно, сякаш Бък беше преобръщаща се лодка.

La corrente lo trascinò sott'acqua e lui scomparve sotto la superficie.
Течението го повлече надолу и той изчезна под повърхността.

Il suo corpo colpì la riva prima che Hans e Pete lo tirassero fuori.
Тялото му се удари в банката, преди Ханс и Пийт да го извадят.

Era mezzo annegato e gli tolsero l'acqua dal corpo.
Той беше полуудавен и те изтръгнаха водата от него.

Buck si alzò, barcollò e crollò di nuovo a terra.
Бък се изправи, олюля се и отново се строполи на земята.

Poi udirono la voce di Thornton portata debolmente dal vento.
Тогава чуха гласа на Торнтън, слабо донесен от вятъра.

Sebbene le parole non fossero chiare, sapevano che era vicino alla morte.
Въпреки че думите бяха неясни, те знаеха, че е близо до смъртта.

Il suono della voce di Thornton colpì Buck come una scossa elettrica.
Звукът на гласа на Торнтън удари Бък като електрически шок.

Saltò in piedi e corse su per la riva, tornando al punto di partenza.
Той скочи и хукна нагоре по брега, връщайки се към мястото за излитане.
Legarono di nuovo la corda a Buck, e di nuovo lui entrò nel fiume.
Отново завързаха въжето за Бък и той отново влезе в потока.
Questa volta nuotò direttamente e con decisione nell'acqua impetuosa.
Този път той плуваше директно и уверено в бързащата вода.
Hans lasciò scorrere la corda con regolarità, mentre Pete impediva che si aggrovigliasse.
Ханс пусна въжето равномерно, докато Пит го предпазваше от оплитане.
Buck nuotò con forza finché non si trovò allineato appena sopra Thornton.
Бък плуваше силно, докато не се озова точно над Торнтън.
Poi si voltò e si lanciò verso di lui come un treno a tutta velocità.
След това се обърна и се втурна надолу като влак с пълна скорост.
Thornton lo vide arrivare, si preparò e gli abbracciò il collo.
Торнтън го видя да идва, стегна се и го прегърна около врата.
Hans legò saldamente la corda attorno a un albero mentre entrambi venivano tirati sott'acqua.
Ханс здраво завърза въжето около едно дърво, докато и двамата бяха издърпани надолу.
Caddero sott'acqua, schiantandosi contro rocce e detriti del fiume.
Те се претъркулиха под водата, разбивайки се в скали и речни отломки.
Un attimo prima Buck era in cima e un attimo dopo Thornton si alzava ansimando.

В един момент Бък беше отгоре, а в следващия Торнтън се изправи задъхан.

Malconci e soffocati, si diressero verso la riva e si misero in salvo.

Пребити и задавени, те се обърнаха към брега и на сигурно място.

Thornton riprese conoscenza mentre era sdraiato su un tronco alla deriva.

Торнтън дойде в съзнание, проснат върху един дънер.

Hans e Pete lavorarono duramente per riportarlo a respirare e a vivere.

Ханс и Пийт го натовариха усилено, за да му върнат дъха и живота.

Il suo primo pensiero fu per Buck, che giaceva immobile e inerte.

Първата му мисъл беше за Бък, който лежеше неподвижен и отпуснат.

Nig ululò sul corpo di Buck e Skeet gli leccò delicatamente il viso.

Ниг виеше над тялото на Бък, а Скийт нежно облиза лицето му.

Thornton, dolorante e contuso, esaminò Buck con mano attenta.

Торнтън, с рани и синини, прегледа Бък внимателно.

Ha trovato tre costole rotte, ma il cane non presentava ferite mortali.

Той откри три счупени ребра, но няма смъртоносни рани по кучето.

"Questo è tutto", disse Thornton. "Ci accamperemo qui". E così fecero.

— Това е решение — каза Торнтън. — Ще лагеруваме тук. И те го направиха.

Rimasero lì finché le costole di Buck non guarirono e lui poté di nuovo camminare.

Те останаха, докато ребрата на Бък заздравяха и той можеше да ходи отново.

Quell'inverno Buck compì un'impresa che accrebbe ulteriormente la sua fama.
През зимата Бък извърши подвиг, който допълнително увеличи славата му.

Fu un gesto meno eroico del salvataggio di Thornton, ma altrettanto impressionante.
Беше по-малко героично от спасяването на Торнтън, но също толкова впечатляващо.

A Dawson, i soci avevano bisogno di provviste per un viaggio lontano.
В Доусън партньорите се нуждаеха от провизии за далечно пътуване.

Volevano viaggiare verso est, in terre selvagge e incontaminate.
Те искаха да пътуват на изток, в недокоснати диви земи.

Quel viaggio fu possibile grazie all'impresa compiuta da Buck nell'Eldorado Saloon.
Делото на Бък в салуна „Елдорадо" направи това пътуване възможно.

Tutto cominciò con degli uomini che si vantavano dei loro cani bevendo qualcosa.
Започна с мъже, които се хвалеха с кучетата си, докато пиеха.

La fama di Buck lo rese bersaglio di sfide e dubbi.
Славата на Бък го направи обект на предизвикателства и съмнения.

Thornton, fiero e calmo, rimase fermo nel difendere il nome di Buck.
Торнтън, горд и спокоен, твърдо защитаваше името на Бък.

Un uomo ha affermato che il suo cane riusciva a trainare facilmente duecentocinquanta chili.
Един мъж каза, че кучето му може да тегли петстотин паунда с лекота.

Un altro disse seicento, e un terzo si vantò di settecento.
Друг каза шестстотин, а трети се похвали със седемстотин.

"Pfft!" disse John Thornton, "Buck può trainare una slitta da mille libbre."

— Пф! — каза Джон Торнтън. — Бък може да тегли шейна от хиляда паунда.

Matthewson, un Bonanza King, si sporse in avanti e lo sfidò.

Матюсън, един от Кралете на Бонанза, се наведе напред и го предизвика.

"Pensi che possa spostare tutto quel peso?"

„Мислиш ли, че може да задвижи толкова голяма тежест?"

"E pensi che riesca a sollevare il peso per cento metri?"

„И мислиш, че може да издърпа тежестта цели сто ярда?"

Thornton rispose freddamente: "Sì. Buck è abbastanza cane da farlo."

Торнтън отговори хладнокръвно: „Да. Бък е достатъчно куче, за да го направи."

"Metterà in moto mille libbre e la tirerà per cento metri."

„Той ще задвижи хиляда паунда и ще го издърпа на сто ярда."

Matthewson sorrise lentamente e si assicurò che tutti gli uomini udissero le sue parole.

Матюсън се усмихна бавно и се увери, че всички мъже чуха думите му.

"Ho mille dollari che dicono che non può. Eccoli."

„Имам хиляда долара, които твърдят, че не може. Ето ги."

Sbatté sul bancone un sacco di polvere d'oro grande quanto una salsiccia.

Той тръшна торбичка със златен прах, голяма колкото наденица, върху бара.

Nessuno disse una parola. Il silenzio si fece pesante e teso intorno a loro.

Никой не каза нито дума. Тишината около тях ставаше тежка и напрегната.

Il bluff di Thornton, se mai lo fu, era stato preso sul serio.

Блъфът на Торнтън — ако изобщо е бил такъв — беше приет насериозно.

Sentì il calore salirgli al viso mentre il sangue gli affluiva alle guance.
Той усети как горещината се надига в лицето му, докато кръвта нахлу в бузите му.
In quel momento la sua lingua aveva preceduto la ragione.
В този момент езикът му изпревари разума му.
Non sapeva davvero se Buck sarebbe riuscito a spostare mille libbre.
Той наистина не знаеше дали Бък може да премести хиляда паунда.
Mezza tonnellata! Solo la sua mole gli faceva sentire il cuore pesante.
Половин тон! Само от размера му сърцето му се сви.
Aveva fiducia nella forza di Buck e lo riteneva capace.
Той вярваше в силата на Бък и го смяташе за способен.
Ma non aveva mai affrontato una sfida di questo tipo, non in questo modo.
Но никога не се беше сблъсквал с подобно предизвикателство, не и като това.
Una dozzina di uomini lo osservavano in silenzio, in attesa di vedere cosa avrebbe fatto.
Дузина мъже го наблюдаваха мълчаливо, чакайки да видят какво ще направи.
Lui non aveva i soldi, e nemmeno Hans e Pete.
Той нямаше пари – нито пък Ханс, нито Пийт.
"Ho una slitta fuori", disse Matthewson in modo freddo e diretto.
— Имам шейна отвън — каза Матюсън студено и директно.
"È carico di venti sacchi, da cinquanta libbre ciascuno, tutti di farina.
„Натоварено е с двайсет чувала, по петдесет паунда всеки, всички брашно."
Quindi non lasciare che la scomparsa della slitta diventi la tua scusa", ha aggiunto.
„Така че не позволявайте на липсващата шейна да ви бъде извинение сега", добави той.

Thornton rimase in silenzio. Non sapeva che parole dire.
Торнтън мълчеше. Не знаеше какви думи да каже.
Guardò i volti intorno a sé senza vederli chiaramente.
Той огледа лицата, без да ги вижда ясно.
Sembrava un uomo immerso nei suoi pensieri, che cercava di ripartire.
Той изглеждаше като човек, замръзнал в мисли, опитващ се да започне отново.
Poi incontrò Jim O'Brien, un amico dei tempi dei Mastodon.
Тогава видя Джим О'Брайън, приятел от времето на мастодонтите.
Quel volto familiare gli diede un coraggio che non sapeva di avere.
Това познато лице му вдъхна кураж, за която не знаеше, че я има.
Si voltò e chiese a bassa voce: "Puoi prestarmi mille dollari?"
Той се обърна и попита тихо: „Можеш ли да ми дадеш назаем хиляда?"
"Certo", disse O'Brien, lasciando cadere un pesante sacco vicino all'oro.
— Разбира се — каза О'Брайън, като вече пускаше тежък чувал до златото.
"Ma sinceramente, John, non credo che la bestia possa fare questo."
„Но честно казано, Джон, не вярвам, че звярът може да направи това."
Tutti quelli presenti all'Eldorado Saloon si precipitarono fuori per assistere all'evento.
Всички в салуна „Елдорадо" се втурнаха навън, за да видят събитието.
Lasciarono tavoli e bevande e perfino le partite furono sospese.
Те напуснаха масите и напитките, а дори и игрите бяха спрени.
Croupier e giocatori accorsero per assistere alla conclusione di questa audace scommessa.

Крупьорите и комарджиите дойдоха да станат свидетели на края на смелия облог.
Centinaia di persone si radunarono attorno alla slitta sulla strada ghiacciata.
Стотици се събраха около шейната на заледената открита улица.
La slitta di Matthewson era carica di un carico completo di sacchi di farina.
Шейната на Матюсън стоеше пълна с чували с брашно.
La slitta era rimasta ferma per ore a temperature sotto lo zero.
Шейната беше престояла с часове при минусови температури.
I pattini della slitta erano congelati e incollati alla neve compatta.
Плъзгачите на шейната бяха здраво замръзнали за утъпкания сняг.
Gli uomini scommettevano due a uno che Buck non sarebbe riuscito a spostare la slitta.
Мъжете предложиха коефициент две към едно, че Бък няма да може да премести шейната.
Scoppiò una disputa su cosa significasse realmente "break out".
Избухна спор за това какво всъщност означава „избухване".
O'Brien ha affermato che Thornton dovrebbe allentare la base ghiacciata della slitta.
О'Брайън каза, че Торнтън трябва да разхлаби замръзналата основа на шейната.
Buck potrebbe quindi "rompere" una partenza solida e immobile.
Тогава Бък можеше да „избухне" от солиден, неподвижен старт.
Matthewson sosteneva che anche il cane doveva liberare i corridori.
Матюсън твърди, че кучето също трябва да освободи бегачите.

Gli uomini che avevano sentito la scommessa concordavano con Matthewson.
Мъжете, които бяха чули облога, се съгласиха с мнението на Матюсън.
Con questa sentenza, le probabilità contro Buck salirono a tre a uno.
С това решение коефициентът скочи до три към едно срещу Бък.
Nessuno si fece avanti per accettare le crescenti quote di tre a uno.
Никой не се намеси, за да се възползва от нарастващия коефициент три към едно.
Nessuno credeva che Buck potesse compiere la grande impresa.
Никой мъж не вярваше, че Бък може да извърши великия подвиг.
Thornton era stato spinto a scommettere, pieno di dubbi.
Торнтън беше принуден да се обзаложи, обзет от съмнения.
Ora guardava la slitta e la muta di dieci cani accanto ad essa.
Сега той погледна шейната и впряга от десет кучета до нея.
Vedere la realtà del compito lo faceva sembrare ancora più impossibile.
Виждането на реалността на задачата я правеше да изглежда още по-невъзможна.
In quel momento Matthewson era pieno di orgoglio e sicurezza.
В този момент Матюсън беше изпълнен с гордост и увереност.
"Tre a uno!" urlò. "Ne scommetto altri mille, Thornton!
„Три към едно!" – извика той. – „Залагам още хиляда, Торнтън!"
"Cosa dici?" aggiunse, abbastanza forte da farsi sentire da tutti.
„Какво ще кажеш?" – добави той достатъчно силно, за да го чуят всички.

Il volto di Thornton esprimeva i suoi dubbi, ma il suo spirito era sollevato.
Лицето на Торнтън издаваше съмненията му, но духът му се беше повдигнал.
Quello spirito combattivo ignorava le avversità e non temeva nulla.
Тозият боен дух пренебрегваше неблагоприятните обстоятелства и не се страхуваше от нищо.
Chiamò Hans e Pete perché portassero tutti i loro soldi al tavolo.
Той се обади на Ханс и Пит, за да донесат всичките си пари на масата.
Non gli era rimasto molto altro: solo duecento dollari in tutto.
Беше им останало малко — само двеста долара общо.
Questa piccola somma costituiva la loro intera fortuna nei momenti difficili.
Тази малка сума била цялото им богатство по време на трудни времена.
Ciononostante puntarono tutta la loro fortuna contro la scommessa di Matthewson.
Въпреки това, те заложиха цялото си състояние срещу залога на Матюсън.
La muta composta da dieci cani venne sganciata e allontanata dalla slitta.
Впрягът от десет кучета беше отвързан и се отдалечи от шейната.
Buck venne messo alle redini, indossando la sua consueta imbracatura.
Бък беше поставен на юздите, облечен в познатия си хамут.
Aveva colto l'energia della folla e ne aveva percepito la tensione.
Той беше уловил енергията на тълпата и усети напрежението.
In qualche modo sapeva che doveva fare qualcosa per John Thornton.

Някак си знаеше, че трябва да направи нещо за Джон Торнтън.

La gente mormorava ammirata di fronte alla figura fiera del cane.
Хората шепнеха с възхищение при вида на гордата фигура на кучето.

Era magro e forte, senza un solo grammo di carne in più.
Той беше слаб и силен, без нито един излишен грам плът.

Il suo peso di centocinquanta chili era sinonimo di potenza e resistenza.
Пълното му тегло от сто и петдесет паунда се изразяваше само в сила и издръжливост.

Il mantello di Buck brillava come la seta, denso di salute e forza.
Козината на Бък блестеше като коприна, гъста от здраве и сила.

La pelliccia sul collo e sulle spalle sembrava sollevarsi e drizzarsi.
Козината по врата и раменете му сякаш се надигна и настръхна.

La sua criniera si muoveva leggermente, ogni capello era animato dalla sua grande energia.
Гривата му леко се помръдна, всеки косъм оживяваше от огромната му енергия.

Il suo petto ampio e le sue gambe forti si sposavano bene con la sua corporatura pesante e robusta.
Широките му гърди и силните му крака подхождаха на тежката му, жилава фигура.

I muscoli si tesero sotto il cappotto, tesi e sodi come ferro legato.
Мускули набъбваха под палтото му, стегнати и твърди като оковани желязо.

Gli uomini lo toccavano e giuravano che era fatto come una macchina d'acciaio.
Мъжете го докосваха и се кълняха, че е сложен като стоманена машина.

Le probabilità contro il grande cane sono scese leggermente a due a uno.
Шансовете леко спаднаха до две към едно срещу голямото куче.
Un uomo dei banchi di Skookum si fece avanti balbettando.
Мъж от пейките на Скукум се придвижи напред, заеквайки.
"Bene, signore! Offro ottocento per lui... prima della prova, signore!"
„Добре, господине! Предлагам осемстотин за него… преди изпитанието, господине!"
"Ottocento, così com'è adesso!" insistette l'uomo.
„Осемстотин, както е в момента!" – настоя мъжът.
Thornton fece un passo avanti, sorrise e scosse la testa con calma.
Торнтън пристъпи напред, усмихна се и спокойно поклати глава.
Matthewson intervenne rapidamente con tono ammonitore e aggrottando la fronte.
Матюсън бързо се намеси с предупредителен глас и намръщено лице.
"Devi allontanarti da lui", disse. "Dagli spazio."
„Трябва да се отдръпнеш от него", каза той. „Дай му пространство."
La folla tacque; solo i giocatori continuavano a offrire due a uno.
Тълпата замълча; само комарджиите все още предлагаха две срещу едно.
Tutti ammiravano la corporatura di Buck, ma il carico sembrava troppo pesante.
Всички се възхищаваха на телосложението на Бък, но товарът изглеждаше твърде голям.
Venti sacchi di farina, ciascuno del peso di cinquanta libbre, sembravano decisamente troppi.
Двадесет чувала брашно – всеки по петдесет паунда тежащ – изглеждаха твърде много.

Nessuno era disposto ad aprire la borsa e a rischiare i propri soldi.
Никой не беше склонен да отвори кесията си и да рискува парите си.
Thornton si inginocchiò accanto a Buck e gli prese la testa tra entrambe le mani.
Торнтън коленичи до Бък и хвана главата му с две ръце.
Premette la guancia contro quella di Buck e gli parlò all'orecchio.
Той притисна бузата си към тази на Бък и проговори в ухото му.
Non c'erano più né scossoni giocosi né insulti affettuosi sussurrati.
Сега нямаше игриво потупване или шепнещи любящи обиди.
Mormorò solo dolcemente: "Quanto mi ami, Buck."
Той само промърмори тихо: „Колкото и да ме обичаш, Бък."
Buck emise un gemito sommesso, trattenendo a stento la sua impazienza.
Бък изхленчи тихо, едва сдържайки нетърпението си.
Gli astanti osservavano con curiosità la tensione che aleggiava nell'aria.
Зрителите наблюдаваха с любопитство как напрежението изпълваше въздуха.
Quel momento sembrava quasi irreale, qualcosa che trascendeva la ragione.
Моментът се усещаше почти нереален, като нещо отвъд разумното.
Quando Thornton si alzò, Buck gli prese delicatamente la mano tra le fauci.
Когато Торнтън се изправи, Бък нежно хвана ръката му в челюстите си.
Premette con i denti, poi lasciò andare lentamente e delicatamente.
Той натисна със зъби, след което бавно и нежно го пусна.
Fu una risposta silenziosa d'amore, non detta, ma compresa.

Това беше мълчалив отговор на любов, не изречен, а разбран.
Thornton si allontanò di molto dal cane e diede il segnale.
Торнтън се отдръпна доста назад от кучето и даде знак.
"Ora, Buck", disse, e Buck rispose con calma concentrata.
— Хайде, Бък — каза той и Бък отговори съсредоточено спокойно.
Buck tese le corde, poi le allentò di qualche centimetro.
Бък стегна конците, след което ги разхлаби с няколко сантиметра.
Questo era il metodo che aveva imparato; il suo modo per rompere la slitta.
Това беше методът, който беше научил; неговият начин да счупи шейната.
"Caspita!" urlò Thornton, con voce acuta nel silenzio pesante.
„Ох!" – извика Торнтън, гласът му прониза тежката тишина.
Buck si girò verso destra e si lanciò con tutto il suo peso.
Бък се обърна надясно и се хвърли с цялата си тежест.
Il gioco svanì e tutta la massa di Buck colpì le timonerie strette.
Хлабината изчезна и пълната маса на Бък се стовари върху стегнатите релси.
La slitta tremò e i pattini produssero un suono secco e scoppiettante.
Шейната трепереше, а плъзгачите издаваха отчетлив пращен звук.
"Haw!" ordinò Thornton, cambiando di nuovo direzione a Buck.
„Хау!" изкомандва Торнтън, като отново насочи Бък към другата посока.
Buck ripeté la mossa, questa volta tirando bruscamente verso sinistra.
Бък повтори движението, този път дръпна рязко наляво.
La slitta scricchiolava più forte, i pattini schioccavano e si spostavano.

Шейната пукаше по-силно, плъзгачите щракаха и се размества́ха.

Il pesante carico scivolò leggermente di lato sulla neve ghiacciata.

Тежкият товар се плъзгаше леко настрани по замръзналия сняг.

La slitta si era liberata dalla presa del sentiero ghiacciato!

Шейната се беше откъснала от хватката на заледената пътека!

Gli uomini trattennero il respiro, inconsapevoli di non stare nemmeno respirando.

Мъжете затаиха дъх, без да осъзнават, че дори не дишат.

"Ora, TIRA!" gridò Thornton nel silenzio glaciale.

„Сега, ДЪРПАЙ!" – извика Торнтън през замръзналата тишина.

Il comando di Thornton risuonò netto, come lo schiocco di una frusta.

Командата на Торнтън прозвуча остро, като удар на камшик.

Buck si lanciò in avanti con un affondo violento e violento.

Бък се хвърли напред с яростен и рязък скок.

Tutto il suo corpo si irrigidì e si contrasse sotto l'enorme sforzo.

Цялото му тяло се стегна и сгъна за огромното напрежение.

I muscoli si muovevano sotto la pelliccia come serpenti che prendevano vita.

Мускули се напъваха под козината му като оживяващи змии.

Il suo grande petto era basso e la testa era protesa in avanti verso la slitta.

Големите му гърди бяха ниски, главата му — протегната напред към шейната.

Le sue zampe si muovevano come fulmini e gli artigli fendevano il terreno ghiacciato.

Лапите му се движеха като светкавица, ноктите му разрязваха замръзналата земя.

I solchi erano profondi mentre lottava per ogni centimetro di trazione.
Вдлъбнатините бяха дълбоки, докато той се бореше за всеки сантиметър сцепление.
La slitta ondeggiò, tremò e cominciò a muoversi lentamente e in modo inquieto.
Шейната се залюля, затрепери и започна бавно, неспокойно движение.
Un piede scivolò e un uomo tra la folla gemette ad alta voce.
Единият крак се подхлъзна и мъж от тълпата изстена високо.
Poi la slitta si lanciò in avanti con un movimento brusco e a scatti.
Тогава шейната се хвърли напред с рязко, грубо движение.
Non si fermò più: mezzo pollice...un pollice...cinque pollici in più.
Не спря отново — половин инч... инч... два инча повече.
Gli scossoni si fecero più lievi man mano che la slitta cominciava ad acquistare velocità.
Трески те отслабнаха, когато шейната започна да набира скорост.
Presto Buck cominciò a tirare con una potenza fluida e uniforme.
Скоро Бък дърпаше с плавна, равномерна, търкаляща се сила.
Gli uomini sussultarono e finalmente si ricordarono di respirare di nuovo.
Мъжете ахнаха и най-накрая се сетиха да дишат отново.
Non si erano accorti che il loro respiro si era fermato per lo stupore.
Не бяха забелязали как дъхът им спря от страхопочитание.
Thornton gli corse dietro, gridando comandi brevi e allegri.
Торнтън тичаше отзад, викайки кратки, весели команди.
Davanti a noi c'era una catasta di legna da ardere che segnava la distanza.

Напред имаше купчина дърва за огрев, която отбелязваше разстоянието.
Mentre Buck si avvicinava al mucchio, gli applausi diventavano sempre più forti.
Докато Бък се приближаваше към купчината, виковете ставаха все по-силни и по-силни.
Gli applausi crebbero fino a diventare un boato quando Buck superò il traguardo.
Одобрителните викове прераснаха в рев, когато Бък подмина крайната точка.
Gli uomini saltarono e gridarono, perfino Matthewson sorrise.
Мъжете подскачаха и викаха, дори Матюсън се усмихна широко.
I cappelli volavano in aria e i guanti venivano lanciati senza pensarci o mirare.
Шапки летяха във въздуха, ръкавици бяха хвърляни безмислено и безцелно.
Gli uomini si afferrarono e si strinsero la mano senza sapere chi.
Мъже се хванаха един друг и се ръкуваха, без да знаят на кого.
Tutta la folla era in delirio, in un tripudio di gioia e di entusiasmo.
Цялата тълпа бръмчеше в диво, радостно празненство.
Thornton cadde in ginocchio accanto a Buck con le mani tremanti.
Торнтън падна на колене до Бък с треперещи ръце.
Premette la testa contro quella di Buck e lo scosse delicatamente avanti e indietro.
Той притисна глава към тази на Бък и нежно го разтърси напред-назад.
Chi si avvicinava lo sentiva maledire il cane con amore silenzioso.
Тези, които се приближиха, го чуха да проклина кучето с тиха любов.

Imprecò a lungo contro Buck, con dolcezza, calore, emozione.

Той дълго ругаеше Бък — тихо, топло, развълнувано.

"Bene, signore! Bene, signore!" esclamò di corsa il re della panchina di Skookum.

„Добре, господине! Добре, господине!" — извика припряно кралят на пейката на Скукум.

"Le darò mille, anzi milleduecento, per quel cane, signore!"

„Ще ви дам хиляда... не, хиляда и двеста... за това куче, господине!"

Thornton si alzò lentamente in piedi, con gli occhi brillanti di emozione.

Торнтън бавно се изправи на крака, очите му блестяха от емоция.

Le lacrime gli rigavano le guance senza alcuna vergogna.

Сълзи се стичаха открито по бузите му без никакъв срам.

"Signore", disse al re della panchina di Skookum, con fermezza e fermezza

„Господине", каза той на краля на пейката в Скукум, спокойно и твърдо

"No, signore. Può andare all'inferno, signore. Questa è la mia risposta definitiva."

„Не, господине. Можете да вървите по дяволите, господине. Това е окончателният ми отговор."

Buck afferrò delicatamente la mano di Thornton tra le sue forti mascelle.

Бък нежно сграбчи ръката на Торнтън в силните си челюсти.

Thornton lo scosse scherzosamente; il loro legame era più profondo che mai.

Торнтън го разтърси игриво, връзката им беше дълбока както винаги.

La folla, commossa dal momento, fece un passo indietro in silenzio.

Тълпата, развълнувана от момента, отстъпи мълчаливо назад.

Da quel momento in poi nessuno osò più interrompere un affetto così sacro.

Оттогава нататък никой не смееше да прекъсва тази свещена обич.

Il suono della chiamata
Звукът на обаждането

Buck aveva guadagnato milleseicento dollari in cinque minuti.

Бък беше спечелил хиляда и шестстотин долара за пет минути.

Il denaro permise a John Thornton di saldare alcuni dei suoi debiti.

Парите позволиха на Джон Торнтън да изплати част от дълговете си.

Con il resto del denaro si diresse verso est insieme ai suoi soci.

С останалите пари той се отправи на изток с партньорите си.

Cercarono una leggendaria miniera perduta, antica quanto il paese stesso.

Те търсеха легендарна изгубена мина, стара колкото самата страна.

Molti uomini avevano cercato la miniera, ma pochi l'avevano trovata.

Много мъже бяха търсили мината, но малцина я бяха намерили.

Molti uomini erano scomparsi durante la pericolosa ricerca.

Неколцина мъже бяха изчезнали по време на опасното търсене.

Questa miniera perduta era avvolta nel mistero e nella vecchia tragedia.

Тази изгубена мина беше обвита едновременно в мистерия и стара трагедия.
Nessuno sapeva chi fosse stato il primo uomo a scoprire la miniera.
Никой не знаеше кой е бил първият човек, открил мината.
Le storie più antiche non menzionano nessuno per nome.
В най-старите истории не се споменава никого по име.
Lì c'era sempre stata una vecchia capanna fatiscente.
Там винаги е имало една стара, порутена колиба.
I moribondi avevano giurato che vicino a quella vecchia capanna ci fosse una miniera.
Умиращите мъже се бяха кълнали, че до онази стара хижа има мина.
Hanno dimostrato le loro storie con un oro che non ha eguali altrove.
Те доказаха историите си със злато, каквото не се намира никъде другаде.
Nessuna anima viva aveva mai saccheggiato il tesoro da quel luogo.
Никоя жива душа никога не беше ограбвала съкровището от това място.
I morti erano morti e i morti non raccontano storie.
Мъртвите бяха мъртви, а мъртвите не разказват истории.
Così Thornton e i suoi amici si diressero verso Est.
И така, Торнтън и приятелите му се отправили на изток.
Si unirono a noi Pete e Hans, portando con sé Buck e sei cani robusti.
Пит и Ханс се присъединиха, като доведоха Бък и шест силни кучета.
Si avviarono lungo un sentiero sconosciuto dove altri avevano fallito.
Те тръгнаха по непозната пътека, където други се бяха провалили.
Percorsero in slitta settanta miglia lungo il fiume Yukon ghiacciato.
Те се спускаха с шейни седемдесет мили нагоре по замръзналата река Юкон.

Girarono a sinistra e seguirono il sentiero verso lo Stewart.
Те завиха наляво и последваха пътеката към река Стюарт.
Superarono il Mayo e il McQuestion e proseguirono oltre.
Те подминаха „Майо" и „Маккуешън" и продължиха напред.
Lo Stewart si restringeva fino a diventare un ruscello, infilandosi tra cime frastagliate.
Стюарт се сви в поток, пронизващ назъбени върхове.
Queste vette aguzze rappresentavano la spina dorsale del continente.
Тези остри върхове маркираха самия гръбнак на континента.
John Thornton pretendeva poco dagli uomini e dalla terra selvaggia.
Джон Торнтън не изискваше много от хората или от дивата земя.
Non temeva nulla della natura e affrontava la natura selvaggia con disinvoltura.
Той не се страхуваше от нищо в природата и се изправяше пред дивото с лекота.
Con solo del sale e un fucile poteva viaggiare dove voleva.
Само със сол и пушка, той можеше да пътува където пожелае.
Come gli indigeni, durante il viaggio cacciava per procurarsi il cibo.
Подобно на местните жители, той ловувал храна, докато пътувал.
Se non prendeva nulla, continuava ad andare avanti, confidando nella fortuna che lo attendeva.
Ако не хванеше нищо, той продължаваше, уповавайки се на късмета си.
Durante questo lungo viaggio, la carne era l'alimento principale di cui si nutrivano.
По време на това дълго пътуване месото беше основното нещо, което ядяха.
La slitta trasportava attrezzi e munizioni, ma non c'era un orario preciso.

Шейната съдържаше инструменти и боеприпаси, но нямаше строг график.

Buck amava questo vagabondare, la caccia e la pesca senza fine.

Бък обичаше това скитане; безкрайния лов и риболов.

Per settimane viaggiarono senza sosta, giorno dopo giorno.

Седмици наред те пътуваха ден след ден.

Altre volte si accampavano e restavano fermi per settimane.

Друг път те правеха лагери и оставаха неподвижни седмици наред.

I cani riposarono mentre gli uomini scavavano nel terreno ghiacciato.

Кучетата си почиваха, докато мъжете копаеха през замръзналата пръст.

Scaldavano le padelle sul fuoco e cercavano l'oro nascosto.

Те затопляха тигани на огън и търсеха скрито злато.

C'erano giorni in cui pativano la fame, altri in cui banchettavano.

Някои дни гладуваха, а други дни имаха празненства.

Il loro pasto dipendeva dalla selvaggina e dalla fortuna della caccia.

Храната им зависеше от дивеча и късмета при лов.

Con l'arrivo dell'estate, uomini e cani caricavano carichi sulle spalle.

Когато дойде лятото, мъжете и кучетата натовариха товари на гърба си.

Fecero rafting sui laghi azzurri nascosti nelle foreste di montagna.

Те са спускали с рафтове през сини езера, скрити в планинските гори.

Navigavano su imbarcazioni sottili su fiumi che nessun uomo aveva mai mappato.

Те плаваха с тънки лодки по реки, които никой човек никога не беше картографирал.

Quelle barche venivano costruite con gli alberi che avevano segato in natura.

Тези лодки са били построени от дървета, които са отрязали в дивата природа.

Passarono i mesi e loro viaggiarono attraverso terre selvagge e sconosciute.
Месеците минаваха и те се виеха през дивите непознати земи.
Non c'erano uomini lì, ma vecchie tracce lasciavano intendere che alcuni di loro fossero presenti.
Нямаше мъже там, но стари следи подсказваха, че е имало хора.
Se la Capanna Perduta fosse esistita davvero, allora altre persone in passato erano passate da lì.
Ако Изгубената колиба беше истинска, значи и други някога са минали оттук.
Attraversavano passi alti durante le bufere di neve, anche d'estate.
Те прекосяваха високи проходи във виелици, дори през лятото.
Rabbrividivano sotto il sole di mezzanotte sui pendii brulli delle montagne.
Те трепереха под полунощното слънце по голите планински склонове.
Tra il limite degli alberi e i campi di neve, salivano lentamente.
Между горската линия и снежните полета те се изкачваха бавно.
Nelle valli calde, scacciavano nuvole di moscerini e mosche.
В топлите долини те гонеха облаци от комари и мухи.
Raccolsero bacche dolci vicino ai ghiacciai nel pieno della fioritura estiva.
Те браха сладки плодове близо до ледниците в разцвет през лятото.
I fiori che trovarono erano belli quanto quelli del Southland.
Цветята, които откриха, бяха също толкова прекрасни, колкото тези в Южната земя.

Quell'autunno giunsero in una regione solitaria piena di laghi silenziosi.
През есента те стигнаха до уединен район, пълен с тихи езера.
La terra era triste e vuota, un tempo brulicava di uccelli e animali.
Земята беше тъжна и пуста, някога пълна с птици и зверове.
Ora non c'era più vita, solo il vento e il ghiaccio che si formava nelle pozze.
Сега нямаше живот, само вятърът и ледът, образуващ се в локви.
Le onde lambivano le rive deserte con un suono dolce e lugubre.
Вълните се плискаха в празни брегове с мек, тъжен звук.

Arrivò un altro inverno e loro seguirono di nuovo deboli e vecchi sentieri.
Дойде още една зима и те отново следваха бледи, стари следи.
Erano le tracce di uomini che avevano cercato molto prima di loro.
Това бяха следите на мъже, които са търсили много преди тях.
Una volta trovarono un sentiero che si inoltrava nel profondo della foresta oscura.
Веднъж намериха пътека, издълбана дълбоко в тъмната гора.
Era un vecchio sentiero e sentivano che la baita perduta era vicina.
Беше стара пътека и те чувстваха, че изгубената хижа е близо.
Ma il sentiero non portava da nessuna parte e si perdeva nel fitto del bosco.
Но пътеката не водеше никъде и се губеше в гъстата гора.
Nessuno sapeva chi avesse tracciato il sentiero e perché lo avesse fatto.

Който и да е проправил пътеката и защо я е проправил, никой не знаеше.

Più tardi trovarono i resti di una capanna nascosta tra gli alberi.

По-късно те откриха останките от хижа, скрита сред дърветата.

Coperte marce erano sparse dove un tempo qualcuno aveva dormito.

Там, където някога е спал някой, бяха разпръснати гниещи одеяла.

John Thornton trovò sepolto all'interno un fucile a pietra focaia a canna lunga.

Джон Торнтън намери заровена вътре кремъчна пушка с дълга цев.

Sapeva fin dai primi tempi che si trattava di un cannone della Hudson Bay.

Той знаеше, че това е оръдие от залива Хъдсън още от ранните дни на търговията.

A quei tempi, tali armi venivano barattate con pile di pelli di castoro.

В онези дни такива оръжия се разменяха за купчини боброви кожи.

Questo era tutto: non rimaneva alcuna traccia dell'uomo che aveva costruito la loggia.

Това беше всичко — не остана никаква следа от човека, който е построил хижата.

Arrivò di nuovo la primavera e non trovarono traccia della Capanna Perduta.

Пролетта дойде отново и те не намериха никаква следа от Изгубената колиба.

Invece trovarono un'ampia valle con un ruscello poco profondo.

Вместо това те откриха широка долина с плитък поток.

L'oro si stendeva sul fondo della pentola come burro giallo e liscio.

Златото лежеше по дъното на тиганите като гладко, жълто масло.
Si fermarono lì e non cercarono oltre la cabina.
Те спряха там и не търсеха повече хижата.
Ogni giorno lavoravano e ne trovavano migliaia di pezzi in polvere d'oro.
Всеки ден те работеха и откриваха хиляди в златен прах.
Confezionarono l'oro in sacchi di pelle di alce, da cinquanta libbre ciascuno.
Те опаковаха златото в чували от лосова кожа, всеки по петдесет паунда.
I sacchi erano accatastati come legna da ardere fuori dal loro piccolo rifugio.
Чувалите бяха струпани като дърва за огрев пред малката им хижа.
Lavoravano come giganti e i giorni trascorrevano veloci come sogni.
Те работеха като гиганти, а дните минаваха като бързи сънища.
Accumularono tesori mentre gli infiniti giorni trascorrevano rapidamente.
Те трупаха съкровища, докато безкрайните дни се търкаляха бързо.
I cani avevano ben poco da fare, se non trasportare la carne di tanto in tanto.
Кучетата нямаха много какво да правят, освен да мъкнат месо от време на време.
Thornton cacciò e uccise la selvaggina, mentre Buck si sdraiò accanto al fuoco.
Торнтън ловуваше и убиваше дивеча, а Бък лежеше край огъня.
Trascorse lunghe ore in silenzio, perso nei pensieri e nei ricordi.
Той прекарваше дълги часове в мълчание, потънал в мисли и спомени.
L'immagine dell'uomo peloso tornava sempre più spesso alla mente di Buck.

Образът на косматия мъж все по-често се появяваше в съзнанието на Бък.

Ora che il lavoro scarseggiava, Buck sognava mentre sbatteva le palpebre verso il fuoco.

Сега, когато работата беше оскъдна, Бък замечта, докато примигваше към огъня.

In quei sogni, Buck vagava con l'uomo in un altro mondo.

В тези сънища Бък се скиташе с мъжа в друг свят.

La paura sembrava il sentimento più forte in quel mondo lontano.

Страхът изглеждаше най-силното чувство в този далечен свят.

Buck vide l'uomo peloso dormire con la testa bassa.

Бък видя как косматият мъж спи с ниско наведена глава.

Aveva le mani giunte e il suo sonno era agitato e interrotto.

Ръцете му бяха стиснати, а сънят му беше неспокоен и накъсан.

Si svegliava di soprassalto e fissava il buio con timore.

Той се събуждаше стряскащо и се взираше уплашено в тъмнината.

Poi aggiungeva altra legna al fuoco per mantenere viva la fiamma.

След това хвърляше още дърва в огъня, за да поддържа пламъка ярък.

A volte camminavano lungo una spiaggia in riva a un mare grigio e infinito.

Понякога се разхождаха по плажа край сиво, безкрайно море.

L'uomo peloso raccolse i frutti di mare e li mangiò mentre camminava.

Косматият мъж браше миди и ги ядеше, докато вървеше.

I suoi occhi cercavano sempre pericoli nascosti nell'ombra.

Очите му винаги търсеха скрити опасности в сенките.

Le sue gambe erano sempre pronte a scattare al primo segno di minaccia.

Краката му винаги бяха готови да спринтират при първия знак за заплаха.

Avanzavano furtivamente nella foresta, silenziosi e cauti, uno accanto all'altro.
Те се промъкваха през гората, мълчаливи и предпазливи, един до друг.

Buck lo seguì alle calcagna, ed entrambi rimasero all'erta.
Бък го следваше по петите и двамата бяха нащрек.

Le loro orecchie si muovevano e si contraevano, i loro nasi fiutavano l'aria.
Ушите им потрепваха и се движеха, носовете им подушваха въздуха.

L'uomo riusciva a sentire e ad annusare la foresta in modo altrettanto acuto quanto Buck.
Мъжът можеше да чува и подушва гората толкова остро, колкото и Бък.

L'uomo peloso si lanciò tra gli alberi a velocità improvvisa.
Косматият мъж се залюля през дърветата с внезапна скорост.

Saltava da un ramo all'altro senza mai perdere la presa.
Той скачаше от клон на клон, без никога да пропуска хватката си.

Si muoveva con la stessa rapidità con cui si muoveva sopra e sopra il terreno.
Той се движеше толкова бързо над земята, колкото и по нея.

Buck ricordava le lunghe notti passate sotto gli alberi a fare la guardia.
Бък си спомни дългите нощи под дърветата, докато беше нащрек.

L'uomo dormiva appollaiato sui rami, aggrappandosi forte.
Мъжът спеше свит в клоните, здраво прилепнал към тях.

Questa visione dell'uomo peloso era strettamente legata al richiamo profondo.
Това видение на косматия мъж беше тясно свързано с дълбокия зов.

Il richiamo risuonava ancora nella foresta con una forza inquietante.
Зовът все още отекваше през гората с пронизителна сила.

La chiamata riempì Buck di desiderio e di un inquieto senso di gioia.
Зовът изпълни Бък с копнеж и неспокойно чувство на радост.
Sentì strani impulsi e stimoli a cui non riusciva a dare un nome.
Той усещаше странни импулси и вълнения, които не можеше да назове.
A volte seguiva la chiamata inoltrandosi nel silenzio dei boschi.
Понякога той следваше зова дълбоко в тихата гора.
Cercava il richiamo, abbaiando piano o bruscamente mentre camminava.
Той търсеше зова, лаейки тихо или остро, докато се движеше.
Annusò il muschio e il terreno nero dove cresceva l'erba.
Той подуши мъха и черната почва, където растяха тревите.
Sbuffò di piacere sentendo i ricchi odori della terra profonda.
Той изсумтя от удоволствие от богатите миризми на дълбоката земя.
Rimase accovacciato per ore dietro i tronchi ricoperti di funghi.
Той се е свивал с часове зад стволове, покрити с гъбички.
Rimase immobile, ascoltando con gli occhi sgranati ogni minimo rumore.
Той стоеше неподвижно, слушайки с широко отворени очи всеки малък звук.
Forse sperava di sorprendere la cosa che aveva emesso la chiamata.
Може би се е надявал да изненада нещото, което е дало обаждането.
Non sapeva perché si comportava in quel modo: lo faceva e basta.
Той не знаеше защо се държи по този начин — просто го правеше.

Questi impulsi provenivano dal profondo, al di là del pensiero o della ragione.
Поривите идваха дълбоко отвътре, отвъд мисълта или разума.
Buck fu colto da impulsi irresistibili, senza preavviso o motivo.
Неустоими импулси обзеха Бък без предупреждение или причина.
A volte sonnecchiava pigramente nell'accampamento, sotto il caldo di mezzogiorno.
Понякога той дремеше лениво в лагера под обедната жега.
All'improvviso sollevò la testa e le sue orecchie si drizzarono in allerta.
Внезапно главата му се вдигна и ушите му наостриха глави.
Poi balzò in piedi e si lanciò nella natura selvaggia senza fermarsi.
После скочи и се втурна в дивата природа без да се спира.
Corse per ore attraverso sentieri forestali e spazi aperti.
Той тичаше с часове по горски пътеки и открити пространства.
Amava seguire i letti asciutti dei torrenti e spiare gli uccelli sugli alberi.
Той обичаше да следва пресъхналите корита на потоците и да наблюдава птиците по дърветата.
Poteva restare nascosto tutto il giorno, osservando le pernici che si pavoneggiavano in giro.
Можеше да лежи скрит по цял ден, гледайки как яребици се разхождат наоколо.
Suonavano i tamburi e marciavano, ignari della presenza immobile di Buck.
Те биеха барабани и маршируваха, без да осъзнават все още присъствието на Бък.
Ma ciò che amava di più era correre al crepuscolo estivo.
Но това, което най-много обичаше, беше да тича по здрач през лятото.

La luce fioca e i suoni assonnati della foresta lo riempivano di gioia.
Приглушената светлина и сънливите горски звуци го изпълваха с радост.
Leggeva i cartelli della foresta con la stessa chiarezza con cui un uomo legge un libro.
Той четеше горските знаци толкова ясно, колкото човек чете книга.
E cercava sempre la strana cosa che lo chiamava.
И той винаги търсеше странното нещо, което го зовеше.
Quella chiamata non si è mai fermata: lo raggiungeva sia da sveglio che nel sonno.
Това зовене никога не спираше – достигаше до него, независимо дали е буден или спящ.

Una notte si svegliò di soprassalto, con gli occhi acuti e le orecchie tese.
Една нощ той се събуди стряскащо, с остър поглед и наострени уши.
Le sue narici si contrassero mentre la sua criniera si rizzava in onde.
Ноздрите му потрепнаха, докато гривата му настръхна на вълни.
Dal profondo della foresta giunse di nuovo quel suono, il vecchio richiamo.
От дълбините на гората отново се чу звукът, старият зов.
Questa volta il suono risuonò chiaro, un ululato lungo, inquietante e familiare.
Този път звукът прозвуча ясно, дълъг, пронизващ, познат вой.
Era come il verso di un husky, ma dal tono strano e selvaggio.
Беше като вик на хъски, но странен и див по тон.
Buck riconobbe subito quel suono: lo aveva già sentito molto tempo prima.
Бък разпозна звука веднага — беше чул точно този звук отдавна.

Attraversò con un balzo l'accampamento e scomparve rapidamente nel bosco.
Той прескочи лагера и бързо изчезна в гората.
Avvicinandosi al suono, rallentò e si mosse con cautela.
Докато се приближаваше към звука, той забави ход и се движеше внимателно.
Presto raggiunse una radura tra fitti pini.
Скоро стигна до поляна между гъсти борови дървета.
Lì, ritto sulle zampe posteriori, sedeva un lupo grigio alto e magro.
Там, изправен на задните си крака, седеше висок, слаб горски вълк.
Il naso del lupo puntava verso il cielo, continuando a riecheggiare il richiamo.
Носът на вълка сочеше към небето, все още повтаряйки зова.
Buck non aveva emesso alcun suono, eppure il lupo si fermò e ascoltò.
Бък не издаде и звук, но вълкът спря и се ослуша.
Percependo qualcosa, il lupo si irrigidì e scrutò l'oscurità.
Усещайки нещо, вълкът се напрегна, оглеждайки тъмнината.
Buck si fece avanti furtivamente, con il corpo basso e i piedi ben appoggiati al terreno.
Бък се промъкна в полезрението, с приведено тяло и спокойно стъпили крака на земята.
La sua coda era dritta e il suo corpo era teso e teso.
Опашката му беше права, тялото му свито от напрежение.
Manifestava sia un atteggiamento minaccioso che una sorta di rude amicizia.
Той показваше едновременно заплаха и един вид грубо приятелство.
Era il saluto cauto tipico delle bestie selvatiche.
Това беше предпазливият поздрав, споделян от дивите зверове.
Ma il lupo si voltò e fuggì non appena vide Buck.
Но вълкът се обърна и избяга веднага щом видя Бък.

Buck si lanciò all'inseguimento, saltando selvaggiamente, desideroso di raggiungerlo.
Бък го преследваше, скачайки диво, нетърпелив да го настигне.
Seguì il lupo in un ruscello secco bloccato da un ingorgo di tronchi.
Той последва вълка в пресъхнал поток, блокиран от дървена преграда.
Messo alle strette, il lupo si voltò e rimase fermo.
Притиснат в ъгъла, вълкът се обърна и застана на мястото си.
Il lupo ringhiò e schioccò i denti come un husky intrappolato in una rissa.
Вълкът изръмжа и щракна като хванато в капан хъски по време на бой.
I denti del lupo schioccarono rapidamente e il suo corpo si irrigidì per la furia selvaggia.
Зъбите на вълка щракаха бързо, тялото му ежвееше от дива ярост.
Buck non attaccò, ma girò intorno al lupo con attenta cordialità.
Бък не атакува, а обиколи вълка с внимателна дружелюбност.
Cercò di bloccargli la fuga con movimenti lenti e innocui.
Той се опита да блокира бягството си с бавни, безобидни движения.
Il lupo era cauto e spaventato: Buck lo superava di peso tre volte.
Вълкът беше предпазлив и уплашен — Бък го надделяваше три пъти.
La testa del lupo arrivava a malapena all'altezza della spalla massiccia di Buck.
Главата на вълка едва стигаше до масивното рамо на Бък.
Il lupo, attento a individuare un varco, si lanciò e l'inseguimento ricominciò.
В очакване на пролука, вълкът побягна и преследването започна отново.

Buck lo mise alle strette più volte e la danza si ripeté.
Няколко пъти Бък го притисна в ъгъла и танцът се повтори.
Il lupo era magro e debole, altrimenti Buck non avrebbe potuto catturarlo.
Вълкът беше слаб и слаб, иначе Бък не би могъл да го хване.
Ogni volta che Buck si avvicinava, il lupo si girava di scatto e lo affrontava spaventato.
Всеки път, когато Бък се приближаваше, вълкът се обръщаше и се изправяше срещу него уплашено.
Poi, alla prima occasione, si precipitò di nuovo nel bosco.
Тогава при първа възможност той отново се втурна в гората.
Ma Buck non si arrese e alla fine il lupo imparò a fidarsi di lui.
Но Бък не се отказал и най-накрая вълкът започнал да му се доверява.
Annusò il naso di Buck e i due diventarono giocosi e attenti.
Той подуши носа на Бък и двамата станаха игриви и бдителни.
Giocavano come animali selvaggi, feroci ma timidi nella loro gioia.
Те играеха като диви животни, свирепи, но и плахи в радостта си.
Dopo un po' il lupo trotterellò via con calma e decisione.
След известно време вълкът се отдалечи спокойно и целеустремено.
Dimostrò chiaramente a Buck che intendeva essere seguito.
Той ясно показа на Бък, че възнамерява да бъде последван.
Correvano fianco a fianco nel buio della sera.
Те тичаха един до друг през сумрака.
Seguirono il letto del torrente fino alla gola rocciosa.
Те следваха коритото на потока нагоре в скалистия пролом.
Attraversarono un freddo spartiacque nel punto in cui aveva avuto origine il fiume.

Те прекосиха студен вододел, откъдето потокът беше започнал.
Sul pendio più lontano trovarono un'ampia foresta e molti corsi d'acqua.
На далечния склон откриха широка гора и много потоци.
Corsero per ore senza fermarsi attraverso quella terra immensa.
През тази необятна земя те тичаха с часове без да спират.
Il sole saliva sempre più alto, l'aria si faceva calda, ma loro continuavano a correre.
Слънцето се издигна по-високо, въздухът се затопли, но те продължиха да тичат.
Buck era pieno di gioia: sapeva di aver risposto alla sua chiamata.
Бък беше изпълнен с радост — знаеше, че отговаря на зова си.
Corse accanto al fratello della foresta, più vicino alla fonte della chiamata.
Той тичаше до горския си брат, по-близо до източника на зова.
I vecchi sentimenti ritornano, potenti e difficili da ignorare.
Старите чувства се завърнаха, силни и трудни за игнориране.
Queste erano le verità nascoste nei ricordi dei suoi sogni.
Това бяха истините зад спомените от сънищата му.
Tutto questo lo aveva già fatto in un mondo lontano e oscuro.
Беше правил всичко това и преди в един далечен и сенчест свят.
Questa volta lo fece di nuovo, scatenandosi con il cielo aperto sopra di lui.
Сега той направи това отново, тичайки лудо сред откритото небе над него.
Si fermarono presso un ruscello per bere l'acqua fredda che scorreva.
Те спряха до един поток, за да пият от студената течаща вода.

Mentre beveva, Buck si ricordò improvvisamente di John Thornton.
Докато пиеше, Бък внезапно си спомни за Джон Торнтън.
Si sedette in silenzio, lacerato dal sentimento di lealtà e dalla chiamata.
Той седна мълчаливо, разкъсван от влечението на лоялността и призванието.
Il lupo continuò a trottare, ma tornò indietro per incitare Buck ad andare avanti.
Вълкът продължи да тича, но се върна, за да подкара Бък напред.
Gli annusò il naso e cercò di convincerlo con gesti gentili.
Той подуши носа си и се опита да го примами с нежни жестове.
Ma Buck si voltò e riprese a tornare indietro per la strada da cui era venuto.
Но Бък се обърна и тръгна обратно по пътя, по който беше дошъл.
Il lupo gli corse accanto per molto tempo, guaindo piano.
Вълкът тичаше до него дълго време, тихо скимтейки.
Poi si sedette, alzò il naso ed emise un lungo ululato.
После седна, вдигна нос и издаде дълъг вой.
Era un grido lugubre, che si addolcì mentre Buck si allontanava.
Това беше тъжен вик, който отслабна, когато Бък се отдалечи.
Buck ascoltò mentre il suono del grido svaniva lentamente nel silenzio della foresta.
Бък слушаше как звукът на вика бавно заглъхва в горската тишина.
John Thornton stava cenando quando Buck irruppe nell'accampamento.
Джон Торнтън вечеряше, когато Бък нахлу в лагера.
Buck gli saltò addosso selvaggiamente, leccandolo, mordendolo e facendolo rotolare.
Бък скочи диво върху него, облизвайки го, хапейки го и го събаряйки.

Lo fece cadere, gli saltò sopra e gli baciò il viso.
Той го събори, покатери се отгоре и го целуна по лицето.
Thornton lo definì con affetto "fare il buffone".
Торнтън с обич нарече това „игра на обикновен глупак".
Nel frattempo, imprecava dolcemente contro Buck e lo scuoteva avanti e indietro.
През цялото време той нежно ругаеше Бък и го разтърсваше напред-назад.
Per due interi giorni e due notti, Buck non lasciò l'accampamento nemmeno una volta.
В продължение на цели два дни и нощи Бък нито веднъж не напусна лагера.
Si teneva vicino a Thornton e non lo perdeva mai di vista.
Той държеше близо до Торнтън и никога не го изпускаше от поглед.
Lo seguiva mentre lavorava e lo osservava mentre mangiava.
Той го следваше, докато работеше, и го наблюдаваше, докато ядеше.
Di notte vedeva Thornton avvolto nelle sue coperte e ogni mattina lo vedeva uscire.
Той виждаше Торнтън да се завива с одеялата вечер и да излиза всяка сутрин.
Ma presto il richiamo della foresta ritornò, più forte che mai.
Но скоро горският зов се завърна, по-силен от всякога.
Buck si sentì di nuovo irrequieto, agitato dal pensiero del lupo selvatico.
Бък отново се разтревожи, развълнуван от мислите за дивия вълк.
Ricordava la terra aperta e le corse fianco a fianco.
Той си спомни откритата земя и бягането един до друг.
Ricominciò a vagare nella foresta, solo e vigile.
Той отново започна да се скита из гората, сам и нащрек.
Ma il fratello selvaggio non tornò e l'ululato non fu udito.
Но дивият брат не се върна и воят не се чу.
Buck cominciò a dormire all'aperto, restando lontano anche per giorni interi.
Бък започна да спи навън, като стоеше далеч с дни.

Una volta attraversò l'alto spartiacque dove aveva origine il torrente.
Веднъж той прекоси високия вододел, където беше започнал потокът.
Entrò nella terra degli alberi scuri e dei grandi corsi d'acqua.
Той навлезе в земята на тъмни гори и широко течащи потоци.
Vagò per una settimana alla ricerca di tracce del fratello selvaggio.
В продължение на седмица той се скиташе, търсейки следи от дивия си брат.
Uccideva la propria carne e viaggiava a passi lunghi e instancabili.
Той сам си убиваше месото и пътуваше с дълги, неуморни крачки.
Pescò salmoni in un ampio fiume che arrivava fino al mare.
Той ловил сьомга в широка река, която стигала до морето.
Lì lottò e uccise un orso nero reso pazzo dagli insetti.
Там той се би и уби черна мечка, подлудена от буболечки.
L'orso stava pescando e corse alla cieca tra gli alberi.
Мечката лови риба и тичаше на сляпо през дърветата.
La battaglia fu feroce e risvegliò il profondo spirito combattivo di Buck.
Битката беше ожесточена, събуждайки дълбокия боен дух на Бък.
Due giorni dopo, Buck tornò e trovò dei ghiottoni nei pressi della sua preda.
Два дни по-късно Бък се завърнал и открил върколаци на мястото на убийството си.
Una dozzina di loro litigarono furiosamente e rumorosamente per la carne.
Дузина от тях се караха шумно и яростно за месото.
Buck caricò e li disperse come foglie al vento.
Бък се нахвърли върху тях и ги разпръсна като листа на вятъра.
Due lupi rimasero indietro: silenziosi, senza vita e immobili per sempre.

Два вълка останаха назад — мълчаливи, безжизнени и неподвижни завинаги.

La sete di sangue divenne più forte che mai.

Жаждата за кръв стана по-силна от всякога.

Buck era un cacciatore, un assassino, che si nutriva di creature viventi.

Бък беше ловец, убиец, хранещ се с живи същества.

Sopravvisse da solo, affidandosi alla sua forza e ai suoi sensi acuti.

Той оцеля сам, разчитайки на силата и острите си сетива.

Prosperava nella natura selvaggia, dove solo i più forti potevano sopravvivere.

Той процъфтяваше в дивата природа, където само най-издръжливите можеха да живеят.

Da ciò nacque un grande orgoglio che riempì tutto l'essere di Buck.

От това се надигна голяма гордост и изпълни цялото същество на Бък.

Il suo orgoglio traspariva da ogni passo, dal fremito di ogni muscolo.

Гордостта му личеше във всяка негова стъпка, в пулсирането на всеки мускул.

Il suo orgoglio era evidente, come si vedeva dal suo comportamento.

Гордостта му беше ясна като думите, личеше от начина, по който се държеше.

Persino il suo spesso mantello appariva più maestoso e splendeva di più.

Дори дебелата му козина изглеждаше по-величествена и блестеше по-ярко.

Buck avrebbe potuto essere scambiato per un lupo grigio gigante.

Бък можеше да бъде сбъркан с гигантски горски вълк.

A parte il marrone sul muso e le macchie sopra gli occhi.

С изключение на кафявото по муцуната и петната над очите.

E la striscia bianca di pelo che gli correva lungo il centro del petto.
И бялата ивица козина, която се спускаше по средата на гърдите му.
Era addirittura più grande del più grande lupo di quella feroce razza.
Той беше дори по-едър от най-големия вълк от тази свирепа порода.
Suo padre, un San Bernardo, gli ha trasmesso la stazza e la corporatura robusta.
Баща му, санбернар, му е дал ръст и тежка фигура.
Sua madre, una pastorella, plasmò quella mole conferendole la forma di un lupo.
Майка му, овчарка, оформи това едро във форма на вълк.
Aveva il muso lungo di un lupo, anche se più pesante e largo.
Имаше дългата муцуна на вълк, макар и по-тежка и по-широка.
La sua testa era quella di un lupo, ma di dimensioni enormi e maestose.
Главата му беше вълча, но изградена с масивен, величествен мащаб.
L'astuzia di Buck era l'astuzia del lupo e della natura selvaggia.
Хитростта на Бък беше хитростта на вълка и на дивото.
La sua intelligenza gli venne sia dal Pastore Tedesco che dal San Bernardo.
Интелигентността му идваше както от немската овчарка, така и от санбернар.
Tutto ciò, unito alla dura esperienza, lo rese una creatura temibile.
Всичко това, плюс суровия опит, го превърна в страховито същество.
Era formidabile quanto qualsiasi animale che vagasse nelle terre selvagge del nord.
Той беше толкова страховит, колкото всеки звяр, бродещ из северната дива природа.

Nutrendosi solo di carne, Buck raggiunse l'apice della sua forza.
Живеейки само на месо, Бък достигна пълния пик на силата си.
Trasudava potenza e forza maschile in ogni fibra del suo corpo.
Той преливаше от сила и мъжка мощ във всяка своя фибра.
Quando Thornton gli accarezzò la schiena, i peli brillarono di energia.
Когато Торнтън го погали по гърба, космите му заискриха от енергия.
Ogni capello scricchiolava, carico del tocco di un magnetismo vivente.
Всеки косъм пращеше, зареден с докосването на жив магнетизъм.
Il suo corpo e il suo cervello erano sintonizzati sulla tonalità più fine possibile.
Тялото и мозъкът му бяха настроени на възможно най-финия тон.
Ogni nervo, ogni fibra e ogni muscolo lavoravano in perfetta armonia.
Всеки нерв, влакно и мускул работеха в перфектна хармония.
A qualsiasi suono o visione che richiedesse un intervento, rispondeva immediatamente.
На всеки звук или гледка, изискващи действие, той реагираше мигновено.
Se un husky saltava per attaccare, Buck poteva saltare due volte più velocemente.
Ако хъски скочи да атакува, Бък можеше да скочи два пъти по-бързо.
Reagì più rapidamente di quanto gli altri potessero vedere o sentire.
Той реагира по-бързо, отколкото другите можеха дори да видят или чуят.

Percezione, decisione e azione avvennero tutte in un unico, fluido istante.

Възприятието, решението и действието се случиха в един плавен момент.

In realtà si tratta di atti separati, ma troppo rapidi per essere notati.

Всъщност тези действия бяха отделни, но твърде бързи, за да бъдат забелязани.

Gli intervalli tra questi atti erano così brevi che sembravano uno solo.

Толкова кратки бяха паузите между тези действия, че те изглеждаха като едно цяло.

I suoi muscoli e il suo essere erano come molle strettamente avvolte.

Мускулите и тялото му бяха като плътно навити пружини.

Il suo corpo traboccava di vita, selvaggia e gioiosa nella sua potenza.

Тялото му кипеше от живот, диво и радостно в своята мощ.

A volte aveva la sensazione che la forza stesse per esplodere completamente dentro di lui.

Понякога имаше чувството, че силата ще избухне напълно от него.

"Non c'è mai stato un cane simile", disse Thornton un giorno tranquillo.

„Никога не е имало такова куче", каза Торнтън един тих ден.

I soci osservarono Buck uscire fiero dall'accampamento.

Партньорите наблюдаваха как Бък гордо се отдалечава от лагера.

"Quando è stato creato, ha cambiato il modo in cui un cane può essere", ha detto Pete.

„Когато беше създаден, той промени това, което едно куче може да бъде", каза Пит.

"Per Dio! Lo penso anch'io", concordò subito Hans.

— „За бога! И аз така мисля" — бързо се съгласи Ханс.

Lo videro allontanarsi, ma non il cambiamento che avvenne dopo.
Видяха го как си тръгва, но не и промяната, която последва.
Non appena entrò nel bosco, Buck si trasformò completamente.
Щом влезе в гората, Бък се преобрази напълно.
Non marciava più, ma si muoveva come uno spettro selvaggio tra gli alberi.
Той вече не маршируваше, а се движеше като див призрак сред дърветата.
Divenne silenzioso, come un gatto, un bagliore che attraversava le ombre.
Той замълча, с котешки крака, като проблясък, преминаващ през сенки.
Usava la copertura con abilità, strisciando sulla pancia come un serpente.
Той използваше прикритието си умело, пълзейки по корем като змия.
E come un serpente, sapeva balzare in avanti e colpire in silenzio.
И като змия, той можеше да скочи напред и да удари безшумно.
Potrebbe rubare una pernice bianca direttamente dal suo nido nascosto.
Можеше да открадне яребица директно от скритото й гнездо.
Uccideva i conigli addormentati senza emettere alcun suono.
Той убиваше спящи зайци без нито един звук.
Riusciva a catturare gli scoiattoli a mezz'aria anche se fuggivano troppo lentamente.
Той можеше да хване бурундуци във въздуха, докато бягаха твърде бавно.
Nemmeno i pesci nelle pozze riuscivano a sfuggire ai suoi attacchi improvvisi.
Дори рибите в локвите не можеха да избегнат внезапните му удари.

Nemmeno i furbi castori impegnati a riparare le dighe erano al sicuro da lui.
Дори умните бобри, които поправяха язовири, не бяха в безопасност от него.

Uccideva per nutrirsi, non per divertirsi, ma preferiva uccidere le proprie vittime.
Той убиваше за храна, не за забавление — но най-много обичаше собствените си жертви.

Eppure, un umorismo subdolo permeava alcune delle sue cacce silenziose.
И все пак, през някои от мълчаливите му ловни занимания се прокрадваше лукава нотка на хумор.

Si avvicinò furtivamente agli scoiattoli, solo per lasciarli scappare.
Той се промъкна близо до катерици, само за да ги остави да избягат.

Stavano per fuggire tra gli alberi, chiacchierando con rabbia e paura.
Те щяха да избягат към дърветата, бърборейки от страховито възмущение.

Con l'arrivo dell'autunno, le alci cominciarono ad apparire in numero maggiore.
С настъпването на есента, лосовете започнаха да се появяват в по-голям брой.

Si spostarono lentamente verso le basse valli per affrontare l'inverno.
Те се придвижваха бавно в ниските долини, за да посрещнат зимата.

Buck aveva già abbattuto un giovane vitello randagio.
Бък вече беше уловил едно младо, бездомно теле.

Ma lui desiderava ardentemente affrontare prede più grandi e pericolose.
Но той копнееше да се изправи пред по-голяма, по-опасна плячка.

Un giorno, sul crinale, alla sorgente del torrente, trovò la sua occasione.

Един ден на вододела, при извора на потока, той намери своя шанс.

Una mandria di venti alci era giunta da terre boscose.

Стадо от двадесет лоса беше преминало от гористи местности.

Tra loro c'era un possente toro, il capo del gruppo.

Сред тях беше могъщ бик; водачът на групата.

Il toro era alto più di due metri e mezzo e appariva feroce e selvaggio.

Бикът беше висок над шест фута и изглеждаше свиреп и див.

Lanciò le sue grandi corna, le cui quattordici punte si diramavano verso l'esterno.

Той разпери широките си рога, четиринадесет върха разклоняващи се навън.

Le punte di quelle corna si estendevano per due metri.

Върховете на тези рога се простираха на два метра ширина.

I suoi piccoli occhi ardevano di rabbia quando vide Buck lì vicino.

Малките му очи пламнаха от ярост, когато забеляза Бък наблизо.

Emise un ruggito furioso, tremando di rabbia e dolore.

Той издаде яростен рев, треперейки от ярост и болка.

Vicino al suo fianco spuntava la punta di una freccia, appuntita e piumata.

Връх на стрела стърчеше близо до хълбока му, оперен и остър.

Questa ferita contribuì a spiegare il suo umore selvaggio e amareggiato.

Тази рана помагаше да се обясни дивото му, огорчено настроение.

Buck, guidato dall'antico istinto di caccia, fece la sua mossa.

Бък, воден от древен ловен инстинкт, направи своя ход.

Il suo obiettivo era separare il toro dal resto della mandria.

Той имаше за цел да отдели бика от останалата част от стадото.

Non era un compito facile: richiedeva velocità e una grande astuzia.
Това не беше лесна задача — изискваше бързина и свирепа хитрост.
Abbaiava e danzava vicino al toro, appena fuori dalla sua portata.
Той лаеше и танцуваше близо до бика, точно извън обсега му.
L'alce si lanciò con enormi zoccoli e corna mortali.
Лосът се нахвърли с огромни копита и смъртоносни рога.
Un colpo avrebbe potuto porre fine alla vita di Buck in un batter d'occhio.
Един удар можеше да сложи край на живота на Бък за миг.
Incapace di abbandonare la minaccia, il toro si infuriò.
Неспособен да остави заплахата зад гърба си, бикът се разяри.
Lui caricava con furia, ma Buck riusciva sempre a sfuggirgli.
Той се нахвърли яростно върху него, но Бък винаги се изплъзваше.
Buck finse di essere debole, allontanandosi ulteriormente dalla mandria.
Бък се престори на слаб, примамвайки го по-далеч от стадото.
Ma i giovani tori sarebbero tornati alla carica per proteggere il capo.
Но младите бикове щяха да се втурнат в атака, за да защитят водача.
Costrinsero Buck a ritirarsi e il toro a ricongiungersi al gruppo.
Те принудиха Бък да се оттегли, а бикът да се присъедини към групата.
C'è una pazienza nella natura selvaggia, profonda e inarrestabile.
В дивото има търпение, дълбоко и неудържимо.
Un ragno resta immobile nella sua tela per innumerevoli ore.
Паяк чака неподвижно в мрежата си безброй часове.

Un serpente si avvolge su se stesso senza contrarsi e aspetta il momento giusto.
Змията се увива без да потрепва и чака, докато дойде времето ѝ.
Una pantera è in agguato, finché non arriva il momento.
Пантера дебне в засада, докато настъпи подходящият момент.
Questa è la pazienza dei predatori che cacciano per sopravvivere.
Това е търпението на хищниците, които ловуват, за да оцелеят.
La stessa pazienza ardeva dentro Buck mentre gli restava accanto.
Същото търпение гореше и в Бък, докато стоеше наблизо.
Rimase vicino alla mandria, rallentandone la marcia e incutendo timore.
Той остана близо до стадото, забавяйки похода му и всявайки страх.
Provocava i giovani tori e molestava le mucche madri.
Той дразнеше младите бикове и тормозеше майките крави.
Spinse il toro ferito in una rabbia ancora più profonda e impotente.
Той докара ранения бик до още по-дълбока, безпомощна ярост.
Per mezza giornata il combattimento si trascinò senza alcuna tregua.
В продължение на половин ден битката се проточи без никаква почивка.
Buck attaccò da ogni angolazione, veloce e feroce come il vento.
Бък атакуваше от всеки ъгъл, бърз и свиреп като вятъра.
Impedì al toro di riposare o di nascondersi con la mandria.
Той не позволявал на бика да си почине или да се скрие със стадото си.
Buck logorò la volontà dell'alce più velocemente del suo corpo.

Бък изтощи волята на лоса по-бързо от тялото му.

Il giorno passò e il sole tramontò basso nel cielo a nord-ovest.

Денят отмина и слънцето се спусна ниско в северозападното небе.

I giovani tori tornarono più lentamente per aiutare il loro capo.

Младите бикове се върнаха по-бавно, за да помогнат на водача си.

Erano tornate le notti autunnali e il buio durava ormai sei ore.

Есенните нощи се бяха завърнали и тъмнината вече траяше шест часа.

L'inverno li spingeva verso valli più sicure e calde.

Зимата ги притискаше надолу към по-безопасни, по-топли долини.

Ma non riuscirono comunque a sfuggire al cacciatore che li tratteneva.

Но все пак не можеха да избягат от ловеца, който ги държеше.

Era in gioco solo una vita: non quella del branco, ma quella del loro capo.

Само един живот беше заложен на карта — не на стадото, а само на водача им.

Ciò rendeva la minaccia lontana e non una loro preoccupazione urgente.

Това правеше заплахата далечна и не ги правеше неотложна грижа.

Col tempo accettarono questo prezzo e lasciarono che Buck prendesse il vecchio toro.

С времето те приеха тази цена и позволиха на Бък да вземе стария бик.

Mentre calava il crepuscolo, il vecchio toro rimase in piedi con la testa bassa.

Докато се спускаше здрач, старият бик стоеше с наведена глава.

Guardò la mandria che aveva guidato svanire nella luce morente.
Той наблюдаваше как стадото, което беше повел, изчезва в гаснещата светлина.

C'erano mucche che aveva conosciuto, vitelli che un tempo aveva generato.
Имаше крави, които познаваше, телета, чиито баща някога беше отгледал.

C'erano tori più giovani con cui aveva combattuto e che aveva dominato nelle stagioni passate.
Имаше по-млади бикове, с които се беше борил и които беше управлявал в минали сезони.

Non poteva seguirli, perché davanti a lui era di nuovo accovacciato Buck.
Той не можеше да ги последва — защото пред него отново се беше свил Бък.

Il terrore spietato e zannuto gli bloccava ogni via che potesse percorrere.
Безмилостният ужас с остри зъби блокираше всеки път, който можеше да поеме.

Il toro pesava più di trecento chili di potenza densa.
Бикът тежеше повече от триста килограма плътна сила.

Aveva vissuto a lungo e lottato duramente in un mondo di difficoltà.
Той беше живял дълго и се беше борил упорито в свят на борби.

Eppure, alla fine, la morte gli venne commessa da una bestia molto più bassa di lui.
И все пак сега, накрая, смъртта идваше от звяр, далеч под него.

La testa di Buck non arrivò nemmeno alle enormi ginocchia noccate del toro.
Главата на Бък дори не стигна до огромните, свити колене на бика.

Da quel momento in poi, Buck rimase con il toro notte e giorno.
От този момент нататък Бък остана с бика денем и нощем.

Non gli dava mai tregua, non gli permetteva mai di brucare o bere.
Той никога не му даваше почивка, никога не му позволяваше да пасе или да пие.
Il toro cercò di mangiare giovani germogli di betulla e foglie di salice.
Бикът се опита да яде млади брезови издънки и върбови листа.
Ma Buck lo scacciò, sempre all'erta e sempre all'attacco.
Но Бък го отблъсна, винаги нащрек и винаги атакуващ.
Anche nei torrenti che scorrevano, Buck bloccava ogni assetato tentativo.
Дори при тихите потоци Бък блокираше всеки жаден опит.
A volte, in preda alla disperazione, il toro fuggiva a tutta velocità.
Понякога, в отчаяние, бикът бягаше с пълна скорост.
Buck lo lasciò correre, avanzando tranquillamente dietro di lui, senza mai allontanarsi troppo.
Бък го остави да тича, подскачайки спокойно точно зад него, никога не се отдалечавайки.
Quando l'alce si fermò, Buck si sdraiò, ma rimase pronto.
Когато лосът спря, Бък легна, но остана готов.
Se il toro provava a mangiare o a bere, Buck colpiva con tutta la sua furia.
Ако бикът се опиташе да яде или пие, Бък удряше с пълна ярост.
La grande testa del toro si abbassava sotto le enormi corna.
Голямата глава на бика хлътна още по-ниско под огромните му рога.
Il suo passo rallentò, il trotto divenne pesante, un'andatura barcollante.
Темпото му се забави, тръсът стана тежък; препъваща се походка.
Spesso restava immobile con le orecchie abbassate e il naso rivolto verso il terreno.

Той често стоеше неподвижно с увиснали уши и нос към земята.
In quei momenti Buck si prese del tempo per bere e riposare.
През тези моменти Бък отделяше време да пие и да си почива.
Con la lingua fuori e gli occhi fissi, Buck sentì che la terra stava cambiando.
С изплезен език и втренчен поглед, Бък усети, че земята се променя.
Sentì qualcosa di nuovo muoversi nella foresta e nel cielo.
Той усети нещо ново да се движи през гората и небето.
Con il ritorno delle alci tornarono anche altre creature selvatiche.
С завръщането на лосовете се завръщаха и други дивите същества.
La terra sembrava viva di una presenza invisibile ma fortemente nota.
Земята се усещаше жива с присъствие, невидима, но силно позната.
Buck non lo sapeva tramite l'udito, la vista o l'olfatto.
Бък не знаеше това по звук, зрение или обоняние.
Un sentimento più profondo gli diceva che nuove forze erano in movimento.
По-дълбоко чувство му подсказваше, че нови сили са в движение.
Una strana vita si agitava nei boschi e lungo i corsi d'acqua.
Странен живот се раздвижваше из горите и покрай потоците.
Decise di esplorare questo spirito una volta completata la caccia.
Той реши да изследва този дух, след като ловът приключи.
Il quarto giorno, Buck riuscì finalmente a catturare l'alce.
На четвъртия ден Бък най-накрая свали лоса.
Rimase nei pressi della preda per un giorno e una notte interi, nutrendosi e riposandosi.
Той остана до жертвата цял ден и нощ, хранейки се и почивайки.

Mangiò, poi dormì, poi mangiò ancora, finché non fu forte e sazio.
Той яде, после спеше, после пак яде, докато не се нахрани и не се насити.
Quando fu pronto, tornò indietro verso l'accampamento e Thornton.
Когато беше готов, той се обърна обратно към лагера и Торнтън.
Con passo costante iniziò il lungo viaggio di ritorno verso casa.
С равномерна крачка той започна дългото пътуване обратно към дома.
Correva con la sua andatura instancabile, ora dopo ora, senza mai smarrirsi.
Той тичаше неуморно, час след час, без нито веднъж да се отклони.
Attraverso terre sconosciute, si muoveva dritto come l'ago di una bussola.
През непознати земи той се движеше праволинейно като стрелка на компас.
Il suo senso dell'orientamento faceva sembrare deboli, al confronto, l'uomo e la mappa.
Чувството му за посока караше човекът и картата да изглеждат слаби в сравнение с него.
Mentre Buck correva, sentiva sempre più forte l'agitazione nella terra selvaggia.
Докато Бък тичаше, той усещаше все по-силно раздвижването в дивата земя.
Era un nuovo tipo di vita, diverso da quello dei tranquilli mesi estivi.
Това беше нов вид живот, различен от този през спокойните летни месеци.
Questa sensazione non giungeva più come un messaggio sottile o distante.
Това чувство вече не идваше като едва доловим или далечен сигнал.

Ora gli uccelli parlavano di questa vita e gli scoiattoli chiacchieravano.
Сега птиците говореха за този живот, а катериците бъбреха за него.
Persino la brezza sussurrava avvertimenti tra gli alberi silenziosi.
Дори бризът нашепваше предупреждения през тихите дървета.
Più volte si fermò ad annusare l'aria fresca del mattino.
Няколко пъти той спираше и подушваше свежия сутрешен въздух.
Lì lesse un messaggio che lo fece fare un balzo in avanti più velocemente.
Той прочете там съобщение, което го накара да скочи напред по-бързо.
Fu pervaso da un forte senso di pericolo, come se qualcosa fosse andato storto.
Тежко чувство за опасност го изпълни, сякаш нещо се беше объркало.
Temeva che la calamità stesse per arrivare, o che fosse già arrivata.
Той се страхуваше, че бедствието идва — или вече е дошло.
Superò l'ultima cresta ed entrò nella valle sottostante.
Той прекоси последния хребет и влезе в долината отдолу.
Si muoveva più lentamente, attento e cauto a ogni passo.
Той се движеше по-бавно, бдителен и предпазлив с всяка стъпка.
Dopo tre miglia trovò una pista fresca che lo fece irrigidire.
На три мили разстояние той намери прясна следа, която го накара да се вцепени.
I peli sul collo si rizzarono e si rizzarono in segno di allarme.
Косата по врата му настръхна и се накъдри от тревога.
Il sentiero portava dritto all'accampamento dove Thornton aspettava.
Пътеката водеше право към лагера, където чакаше Торнтън.

Buck ora si muoveva più velocemente, con passi silenziosi e rapidi.
Бък се движеше по-бързо сега, крачката му беше едновременно безшумна и бърза.
I suoi nervi si irrigidirono mentre leggeva segnali che altri non avrebbero notato.
Нервите му се стегнаха, докато разчиташе знаци, които другите щяха да пропуснат.
Ogni dettaglio del percorso raccontava una storia, tranne l'ultimo pezzo.
Всеки детайл от пътеката разказваше история – с изключение на последната част.
Il suo naso gli raccontò della vita che aveva trascorso lì.
Носът му разказваше за живота, който беше преминал по този път.
L'odore gli fornì un'immagine mutevole mentre lo seguiva da vicino.
Миризмата му придаде променяща се картина, докато го следваше плътно зад него.
Ma la foresta stessa era diventata silenziosa, innaturalmente immobile.
Но самата гора беше притихнала; неестествено неподвижна.
Gli uccelli erano scomparsi, gli scoiattoli erano nascosti, silenziosi e immobili.
Птиците бяха изчезнали, катериците се бяха скрили, мълчаливи и неподвижни.
Vide solo uno scoiattolo grigio, sdraiato su un albero morto.
Той видя само една сива катерица, просната върху едно мъртво дърво.
Lo scoiattolo si mimetizzava, rigido e immobile come una parte della foresta.
Катерицата се сля с тълпата, скована и неподвижна като част от гората.
Buck si muoveva come un'ombra, silenzioso e sicuro tra gli alberi.

Бък се движеше като сянка, безшумно и сигурно през дърветата.
Il suo naso si mosse di lato come se fosse stato tirato da una mano invisibile.
Носът му се изви настрани, сякаш го дръпна невидима ръка.
Si voltò e seguì il nuovo odore nel profondo di un boschetto.
Той се обърна и последва новата миризма дълбоко в гъсталака.
Lì trovò Nig, steso morto, trafitto da una freccia.
Там той намери Ниг, проснат мъртъв, пронизан от стрела.
La freccia gli attraversò il corpo, lasciando ancora visibili le piume.
Стрелата преминала през тялото му, перата все още се виждали.
Nig si era trascinato fin lì, ma era morto prima di riuscire a raggiungere i soccorsi.
Ниг се беше довлякъл до там, но умря, преди да стигне до помощ.
Cento metri più avanti, Buck trovò un altro cane da slitta.
Стотина метра по-нататък Бък намери друго куче за впряг.
Era un cane che Thornton aveva comprato a Dawson City.
Това беше куче, което Торнтън беше купил още от Доусън Сити.
Il cane lottava con tutte le sue forze, dimenandosi violentemente sul sentiero.
Кучето се бореше на смърт, блъскайки се силно по пътеката.
Buck gli passò accanto senza fermarsi, con gli occhi fissi davanti a sé.
Бък го подмина, без да спира, с очи, вперени напред.
Dalla direzione dell'accampamento proveniva un canto lontano e ritmico.
Откъм лагера се чуваше далечно, ритмично скандиране.
Le voci si alzavano e si abbassavano con un tono strano, inquietante, cantilenante.

Гласове се издигаха и затихваха със странен, зловещ, напевен тон.
Buck strisciò in silenzio fino al limite della radura.
Бък пропълзя мълчаливо напред към края на поляната.
Lì vide Hans disteso a faccia in giù, trafitto da numerose frecce.
Там той видя Ханс да лежи по лице надолу, пронизан от много стрели.
Il suo corpo sembrava quello di un porcospino, irto di penne.
Тялото му приличаше на таралеж, осеяно с пернати стрели.
Nello stesso momento, Buck guardò verso la capanna in rovina.
В същия момент Бък погледна към разрушената хижа.
Quella vista gli fece rizzare i capelli sul collo e sulle spalle.
Гледката накара косата му да настръхне по врата и раменете.
Un'ondata di rabbia selvaggia travolse tutto il corpo di Buck.
Буря от дива ярост заля цялото тяло на Бък.
Ringhiò forte, anche se non ne era consapevole.
Той изръмжа на глас, макар че не знаеше, че го е направил.
Il suono era crudo, pieno di una furia terrificante e selvaggia.
Звукът беше суров, изпълнен с ужасяваща, дива ярост.
Per l'ultima volta nella sua vita, Buck perse la ragione a causa delle emozioni.
За последен път в живота си Бък загуби разум и емоции.
Fu l'amore per John Thornton a spezzare il suo attento controllo.
Любовта към Джон Торнтън беше тази, която наруши внимателното му самообладание.
Gli Yeehats ballavano attorno alla baita in legno di abete rosso distrutta.
Йийхатите танцуваха около разрушената хижа от смърч.

Poi si udì un ruggito e una bestia sconosciuta si lanciò verso di loro.
Тогава се чу рев — и непознат звяр се втурна към тях.
Era Buck: una furia in movimento, una tempesta vivente di vendetta.
Това беше Бък; ярост в движение; жива буря от отмъщение.
Si gettò in mezzo a loro, folle di voglia di uccidere.
Той се хвърли сред тях, обезумял от нуждата да убива.
Si lanciò contro il primo uomo, il capo Yeehat, e colpì nel segno.
Той скочи към първия мъж, вожда на йихатците, и удари право в целта.
La sua gola era squarciata e il sangue schizzava a fiotti.
Гърлото му беше разкъсано и кръв бликаше на струя.
Buck non si fermò, ma con un balzo squarciò la gola dell'uomo successivo.
Бък не спря, а с един скок разкъса гърлото на следващия мъж.
Era inarrestabile: squarciava, tagliava, non si fermava mai a riposare.
Той беше неудържим - разкъсваше, разсичаше, никога не спираше за почивка.
Si lanciò e balzò così velocemente che le loro frecce non riuscirono a toccarlo.
Той се стрелна и подскочи толкова бързо, че стрелите им не можаха да го докоснат.
Gli Yeehats erano in preda al panico e alla confusione.
Йийхатите бяха обзети от собствена паника и объркване.
Le loro frecce non colpirono Buck e si colpirono tra loro.
Стрелите им не улучиха Бък и вместо това се улучиха една в друга.
Un giovane scagliò una lancia contro Buck e colpì un altro uomo.
Един младеж хвърли копие по Бък и улучи друг мъж.
La lancia gli trapassò il petto e la punta gli trafisse la schiena.

Копието прониза гърдите му, а върхът му се разпиля в гърба.

Il terrore travolse gli Yeehats, che si diedero alla ritirata.

Ужас обзе йихатците и те се втурнаха в пълно отстъпление.

Urlarono allo Spirito Maligno e fuggirono nelle ombre della foresta.

Те изкрещяха за Злия Дух и избягаха в горските сенки.

Buck era davvero come un demone mentre inseguiva gli Yeehats.

Наистина, Бък беше като демон, докато гонеше Йийхатите.

Li inseguì attraverso la foresta, abbattendoli come cervi.

Той се втурна след тях през гората, поваляйки ги като елени.

Divenne un giorno di destino e terrore per gli spaventati Yeehats.

Това се превърна в ден на съдба и ужас за уплашените йихати.

Si dispersero sul territorio, fuggendo in ogni direzione.

Те се разпръснаха по земята, бягайки надалеч във всички посоки.

Passò un'intera settimana prima che gli ultimi sopravvissuti si incontrassero in una valle.

Мина цяла седмица, преди последните оцелели да се срещнат в една долина.

Solo allora contarono le perdite e raccontarono quanto accaduto.

Едва тогава те преброиха загубите си и говориха за случилото се.

Buck, stanco dell'inseguimento, ritornò all'accampamento in rovina.

Бък, след като се умори от преследването, се върна в разрушения лагер.

Trovò Pete, ancora avvolto nelle coperte, ucciso nel primo attacco.

Той намери Пийт, все още с одеялата си, убит при първата атака.

I segni dell'ultima lotta di Thornton erano visibili nella terra lì vicino.

Следи от последната борба на Торнтън бяха отбелязани в пръстта наблизо.

Buck seguì ogni traccia, annusando ogni segno fino al punto finale.

Бък проследи всяка следа, подушвайки всяка маркировка до крайната точка.

Sul bordo di una profonda pozza trovò il fedele Skeet, immobile.

На ръба на дълбок вир той намери верния Скийт, който лежеше неподвижно.

La testa e le zampe anteriori di Skeet erano nell'acqua, immobili nella morte.

Главата и предните лапи на Скийт бяха във водата, неподвижни в смъртта.

La piscina era fangosa e contaminata dai liquidi di scarico delle chiuse.

Басейнът беше кален и замърсен с оттичащи се води от шлюзовите кутии.

La sua superficie torbida nascondeva ciò che si trovava sotto, ma Buck conosceva la verità.

Облачната му повърхност криеше какво се криеше отдолу, но Бък знаеше истината.

Seguì l'odore di Thornton nella piscina, ma non lo portò da nessun'altra parte.

Той проследи миризмата на Торнтън в басейна, но миризмата не водеше никъде другаде.

Non c'era alcun odore che provenisse, solo il silenzio dell'acqua profonda.

Нямаше никакъв аромат, който да води навън — само тишината на дълбоката вода.

Buck rimase tutto il giorno vicino alla piscina, camminando avanti e indietro per l'accampamento, addolorato.

Цял ден Бък прекара близо до вира, крачейки из лагера обзет от скръб.

Vagava irrequieto o sedeva immobile, immerso nei suoi pensieri.

Той се скиташе неспокойно или седеше неподвижно, потънал в тежки мисли.

Conosceva la morte, la fine della vita, la scomparsa di ogni movimento.

Той познаваше смъртта; края на живота; изчезването на всяко движение.

Capì che John Thornton se n'era andato e non sarebbe mai più tornato.

Той разбираше, че Джон Торнтън го няма и никога няма да се върне.

La perdita lasciò in lui un vuoto che pulsava come la fame.

Загубата остави в него празнота, която пулсираше като глад.

Ma questa era una fame che il cibo non riusciva a placare, non importava quanto ne mangiasse.

Но това беше глад, който храната не можеше да утоли, независимо колко ядеше.

A volte, mentre guardava i cadaveri di Yeehats, il dolore si attenuava.

Понякога, докато гледаше мъртвите Йийхати, болката отшумяваше.

E poi dentro di lui nacque uno strano orgoglio, feroce e totale.

И тогава в него се надигна странна гордост, свирепа и безкрайна.

Aveva ucciso l'uomo, la preda più alta e pericolosa di tutte.

Той беше убил човек, най-висшата и най-опасна игра от всички.

Aveva ucciso in violazione dell'antica legge del bastone e della zanna.

Той беше убил, нарушавайки древния закон на тоягата и зъба.

Buck annusò i loro corpi senza vita, curioso e pensieroso.

Бък подуши безжизнените им тела, любопитен и замислен.

Erano morti così facilmente, molto più facilmente di un husky in combattimento.

Бяха умрели толкова лесно — много по-лесно от хъски в бой.

Senza le armi non avrebbero avuto vera forza né avrebbero rappresentato una minaccia.

Без оръжията си те нямаха истинска сила или заплаха.

Buck non avrebbe più avuto paura di loro, a meno che non fossero stati armati.

Бък никога повече нямаше да се страхува от тях, освен ако не бяха въоръжени.

Stava attento solo quando portavano clave, lance o frecce.

Само когато носеха тояги, копия или стрели, той щеше да внимава.

Calò la notte e la luna piena spuntò alta sopra le cime degli alberi.

Падна нощ и пълна луна се издигна високо над върховете на дърветата.

La pallida luce della luna avvolgeva la terra in un tenue e spettrale chiarore, come se fosse giorno.

Бледата светлина на луната обливаше земята в меко, призрачно сияние, подобно на дневен блясък.

Mentre la notte avanzava, Buck continuava a piangere presso la pozza silenziosa.

Докато нощта се сгъстяваше, Бък продължаваше да скърби край тихия вир.

Poi si accorse di un diverso movimento nella foresta.

Тогава той усети различно раздвижване в гората.

L'agitazione non proveniva dagli Yeehats, ma da qualcosa di più antico e profondo.

Раздвижването не идваше от Йийхатите, а от нещо по-старо и по-дълбоко.

Si alzò in piedi, drizzò le orecchie e tastò con attenzione la brezza con il naso.

Той се изправи, надигна уши и внимателно провери нос от вятъра.

Da lontano giunse un debole e acuto grido che squarciò il silenzio.

Отдалеч се чу слаб, остър вик, който проряза тишината.

Poi un coro di grida simili seguì subito dopo il primo.

След това, веднага след първия, се разнесе хор от подобни викове.

Il suono si avvicinava sempre di più, diventando sempre più forte con il passare dei minuti.

Звукът се приближаваше, усилвайки се с всеки изминал момент.

Buck conosceva quel grido: proveniva da quell'altro mondo nella sua memoria.

Бък познаваше този вик — той идваше от онзи друг свят в паметта му.

Si recò al centro dello spazio aperto e ascoltò attentamente.

Той отиде до центъра на откритото пространство и се ослуша внимателно.

L'appello risuonò più forte che mai, più sentito e più potente che mai.

Зовът прозвуча, многозвучен и по-силен от всякога.

E ora, più che mai, Buck era pronto a rispondere alla sua chiamata.

И сега, повече от всякога, Бък беше готов да откликне на призива си.

John Thornton era morto e in lui non era rimasto alcun legame con l'uomo.

Джон Торнтън беше мъртъв и в него не остана никаква връзка с човека.

L'uomo e tutte le pretese umane erano svaniti: era finalmente libero.

Човекът и всички човешки претенции бяха изчезнали — той най-накрая беше свободен.

Il branco di lupi era a caccia di carne, proprio come un tempo avevano fatto gli Yeehats.

Вълчата глутница гонеше месо, както някога са правили йехатите.
Avevano seguito le alci mentre scendevano dalle terre boscose.
Те бяха проследили лосове от гористите земи.
Ora, selvaggi e affamati di prede, attraversarono la sua valle.
Сега, диви и жадни за плячка, те прекосиха неговата долина.
Giunsero nella radura illuminata dalla luna, scorrendo come acqua argentata.
В осветената от лунната светлина поляна те се стичаха като сребърна вода.
Buck rimase immobile al centro, in attesa.
Бък стоеше неподвижно в центъра, неподвижен и ги чакаше.
La sua presenza calma e imponente lasciò il branco senza parole, tanto da farlo restare per un breve periodo in silenzio.
Спокойното му, едро присъствие зашемети глутницата и я погълна за кратко.
Allora il lupo più audace gli saltò addosso senza esitazione.
Тогава най-смелият вълк скочи право върху него без колебание.
Buck colpì rapidamente e spezzò il collo del lupo con un solo colpo.
Бък удари бързо и счупи врата на вълка с един удар.
Rimase di nuovo immobile mentre il lupo morente si contorceva dietro di lui.
Той отново застана неподвижно, докато умиращият вълк се извиваше зад него.
Altri tre lupi attaccarono rapidamente, uno dopo l'altro.
Още три вълка атакуваха бързо, един след друг.
Ognuno di loro si ritrasse sanguinante, con la gola o le spalle tagliate.
Всеки отстъпваше, кървейки, с прерязани гърла или рамене.

Ciò fu sufficiente a scatenare una carica selvaggia da parte dell'intero branco.
Това беше достатъчно, за да предизвика дива атака на цялата глутница.

Si precipitarono tutti insieme, troppo impazienti e troppo ammassati per colpire bene.
Те се втурнаха заедно, твърде нетърпеливи и претъпкани, за да ударят добре.

La velocità e l'abilità di Buck gli permisero di anticipare l'attacco.
Скоростта и умението на Бък му позволиха да изпревари атаката.

Girò sulle zampe posteriori, schioccando i denti e colpendo in tutte le direzioni.
Той се завъртя на задните си крака, щракайки и удряйки във всички посоки.

Ai lupi sembrò che la sua difesa non si fosse mai aperta o avesse vacillato.
За вълците това изглеждаше сякаш защитата му никога не се е отваряла или поклащала.

Si voltò e colpì così velocemente che non riuscirono a raggiungerlo alle spalle.
Той се обърна и замахна толкова бързо, че не можаха да го задържат зад гърба си.

Ciononostante, il loro numero lo costrinse a cedere terreno e a ritirarsi.
Въпреки това, броят им го принуди да отстъпи и да се оттегли.

Superò la piscina e scese nel letto roccioso del torrente.
Той подмина вира и се спусна в каменистото корито на потока.

Lì si imbatté in un ripido pendio di ghiaia e terra.
Там той се натъкна на стръмен бряг от чакъл и пръст.

Si è infilato in un angolo scavato durante i vecchi scavi dei minatori.
Той се вмъкна в ъглов изрез по време на старото копаене на миньорите.

Ora, protetto su tre lati, Buck si trovava di fronte solo al lupo frontale.

Сега, защитен от три страни, Бък се изправяше срещу само предния вълк.

Lì rimase in attesa, pronto per la successiva ondata di assalto.

Там той стоеше встрани, готов за следващата вълна от атаки.

Buck mantenne la posizione con tanta ferocia che i lupi indietreggiarono.

Бък отстояваше позициите си толкова яростно, че вълците се отдръпнаха.

Dopo mezz'ora erano sfiniti e visibilmente sconfitti.

След половин час те бяха изтощени и видимо победени.

Le loro lingue pendevano fuori e le loro zanne bianche brillavano alla luce della luna.

Езиците им висяха, белите им зъби блестяха на лунна светлина.

Alcuni lupi si sdraiano, con la testa alzata e le orecchie dritte verso Buck.

Няколко вълци легнаха, с вдигнати глави и наострени уши към Бък.

Altri rimasero immobili, attenti e osservarono ogni suo movimento.

Други стояха неподвижно, нащрек и наблюдаваха всяко негово движение.

Qualcuno si avvicinò alla piscina e bevve l'acqua fredda.

Няколко души се разходиха до басейна и се напиха със студена вода.

Poi un lupo grigio, lungo e magro, si fece avanti furtivamente, con passo gentile.

Тогава един висок, слаб сив вълк се промъкна напред по нежен начин.

Buck lo riconobbe: era il fratello selvaggio di prima.

Бък го позна — това беше дивият брат от преди.

Il lupo grigio uggiolò dolcemente e Buck rispose con un guaito.

Сивият вълк изскимтя тихо, а Бък отговори с хленчене.
Si toccarono il naso, silenziosamente, senza timore o minaccia.
Те докоснаха носовете си, тихо и без заплаха или страх.
Poi venne un lupo più anziano, scarno e segnato dalle numerose battaglie.
След това дойде един по-възрастен вълк, измършавял и белязан от много битки.
Buck cominciò a ringhiare, ma si fermò e annusò il naso del vecchio lupo.
Бък започна да ръмжи, но спря и подуши носа на стария вълк.
Il vecchio si sedette, alzò il naso e ululò alla luna.
Старецът седна, вдигна нос и залая към луната.
Il resto del branco si sedette e si unì al lungo ululato.
Останалата част от глутницата седна и се присъедини към продължителния вой.
E ora la chiamata giunse a Buck, inequivocabile e forte.
И сега зовът достигна до Бък, безпогрешен и силен.
Si sedette, alzò la testa e ululò insieme agli altri.
Той седна, вдигна глава и зави заедно с останалите.
Quando l'ululato cessò, Buck uscì dal suo riparo roccioso.
Когато воят спря, Бък излезе от скалистия си заслон.
Il branco si strinse attorno a lui, annusando con gentilezza e cautela.
Глутницата се обгърна около него, душейки едновременно любезно и предпазливо.
Allora i capi lanciarono un grido e si precipitarono nella foresta.
Тогава водачите извикаха и се втурнаха в гората.
Gli altri lupi li seguirono, guaendo in coro, selvaggi e veloci nella notte.
Другите вълци ги последваха, виейки в хор, диви и бързи в нощта.
Buck corse con loro, accanto al suo selvaggio fratello, ululando mentre correva.

Бък тичаше с тях, редом с дивия си брат, и виеше, докато тичаше.

Qui la storia di Buck giunge al termine.
Тук историята на Бък е добре да стигне до своя край.
Negli anni a seguire, gli Yeehats notarono degli strani lupi.
В следващите години йехатите забелязали странни вълци.
Alcuni avevano la testa e il muso marroni e il petto bianco.
Някои имаха кафяво на главите и муцуните, бяло на гърдите.
Ma ancora di più temevano la presenza di una figura spettrale tra i lupi.
Но още повече се страхуваха от призрачна фигура сред вълците.
Parlavano a bassa voce del Cane Fantasma, il capo del branco.
Те говореха шепнешком за Кучето-призрак, водач на глутницата.
Questo Ghost Dog era più astuto del più audace cacciatore di Yeehat.
Това Куче-призрак беше по-хитро от най-смелия ловец на йихати.
Il cane fantasma rubava dagli accampamenti nel cuore dell'inverno e faceva a pezzi le loro trappole.
Кучето-призрак крадеше от лагери в дълбока зима и разкъсваше капаните им.
Il cane fantasma uccise i loro cani e sfuggì alle loro frecce senza lasciare traccia.
Кучето-призрак уби кучетата им и избяга от стрелите им безследно.
Perfino i guerrieri più coraggiosi avevano paura di affrontare questo spirito selvaggio.
Дори най-смелите им воини се страхуваха да се изправят срещу този див дух.
No, la storia diventa ancora più oscura con il passare degli anni trascorsi nella natura selvaggia.

Не, историята става още по-мрачна с течение на годините в дивата природа.
Alcuni cacciatori scompaiono e non fanno più ritorno ai loro accampamenti lontani.
Някои ловци изчезват и никога не се връщат в далечните си лагери.
Altri vengono trovati con la gola squarciata, uccisi nella neve.
Други са намерени с разкъсани гърла, убити в снега.
Intorno ai loro corpi ci sono delle impronte più grandi di quelle che un lupo potrebbe mai lasciare.
Около телата им има следи – по-големи от тези, които който и да е вълк би могъл да остави.
Ogni autunno, gli Yeehats seguono le tracce dell'alce.
Всяка есен Йихатите следват следите на лоса.
Ma evitano una valle perché la paura è scolpita nel profondo del loro cuore.
Но те избягват една долина със страх, дълбоко вдълбан в сърцата им.
Si dice che la valle sia stata scelta dallo Spirito Maligno come sua dimora.
Казват, че долината е избрана от Злия Дух за свой дом.
E quando la storia viene raccontata, alcune donne piangono accanto al fuoco.
И когато историята се разказва, някои жени плачат край огъня.
Ma d'estate, c'è un visitatore che giunge in quella valle sacra e silenziosa.
Но през лятото един посетител идва в тази тиха, свещена долина.
Gli Yeehats non lo conoscono e non potrebbero capirlo.
Йихатите не го познават, нито биха могли да го разберат.
Il lupo è un animale grandioso, ricoperto di gloria, come nessun altro della sua specie.
Вълкът е страхотен, облян в слава, не като никой друг от неговия вид.

Lui solo attraversa il bosco verde ed entra nella radura della foresta.
Той сам прекосява зелената гора и влиза в горската поляна.
Lì, la polvere dorata contenuta nei sacchi di pelle d'alce si infiltra nel terreno.
Там златен прах от чували от лосова кожа се просмуква в почвата.
L'erba e le foglie vecchie hanno nascosto il giallo del sole.
Трева и старите листа са скрили жълтото от слънцето.
Qui il lupo resta in silenzio, pensando e ricordando.
Ето, вълкът стои мълчаливо, мисли и си спомня.
Urla una volta sola, a lungo e lugubremente, prima di girarsi e andarsene.
Той извиква веднъж — продължително и тъжно — преди да се обърне да си тръгне.
Ma non è sempre solo nella terra del freddo e della neve.
И все пак той не винаги е сам в страната на студа и снега.
Quando le lunghe notti invernali scendono sulle valli più basse.
Когато дългите зимни нощи се спуснат над долните долини.
Quando i lupi seguono la selvaggina attraverso il chiaro di luna e il gelo.
Когато вълците преследват дивеча през лунна светлина и мраз.
Poi corre in testa al gruppo, saltando in alto e in modo selvaggio.
След това той тича начело на глутницата, скачайки високо и диво.
La sua figura svetta sulle altre, la sua gola risuona di canto.
Формата му се извисява над останалите, гърлото му е пълно с песен.
È il canto del mondo più giovane, la voce del branco.
Това е песента на по-младия свят, гласът на глутницата.
Canta mentre corre: forte, libero e per sempre selvaggio.
Той пее, докато тича – силен, свободен и вечно див.

www.ingramcontent.com/pod-product-compliance
Lightning Source LLC
Chambersburg PA
CBHW010030040426
42333CB00048B/2781